Wilhelm Uppenborn

Ponys – Umgang und Haltung

Ponys

Umgang und Haltung

Oberlandwirtschaftsrat

DR. WILHELM UPPENBORN

Landstallmeister a. D., ehrenamtlicher Geschäftsführer
der Arbeitsgemeinschaft der Ponyzuchtverbände von 1954 bis 1967

Dritte Auflage

Mit 40 Abbildungen auf Tafeln
und 11 Abbildungen im Text

Verlag Eugen Ulmer Stuttgart

Ulmers Tierbuchreihe
Herausgegeben von Prof. Dr. Reinhard Fangauf, Wahlstedt

ISBN 3-8001-7125-2

Printed in Germany
Einbandgestaltung: H. G. Lechler, Stuttgart,
unter Verwendung eines Farbfotos von W. Junge, Köln
Satz und Druck: Badendruck GmbH, Karlsruhe
Fotomech. Nachdruck: Druckerei Harwalik KG, Reutlingen

Dieses Buch widme ich in Dankbarkeit für unvergeßliche Jahre bester Zusammenarbeit zum Wohle unserer Ponys dem großen Kenner und Freund unserer Ponys, dem langjährigen Vorsitzenden des Verbandes der hessischen Ponyzüchter und Vorsitzenden der Arbeitsgemeinschaft der Ponyzuchtverbände, S. D. Heinrich I. Prinz Reuß – Büdingen

Vorwort

Die täglich an mich gerichteten Anfragen über Haltung, Nutzung und Zucht unserer Ponys zeigen, daß in unserer recht umfangreichen Ponyliteratur ein Leitfaden fehlt, der gerade diese immer wieder gestellten Fragen beantwortet.

Ich bin deshalb gerne der Anregung des Verlages Eugen Ulmer gefolgt, ein Buch über Ponys zu schreiben, das diese Lücke ausfüllt. Ich hoffe, daß meine hier niedergelegten Erfahrungen dazu beitragen, das Verständnis für eine erfolgreiche Haltung und Nutzung unserer Ponys bei ihren zahlreichen jungen und alten Freunden zu fördern.

Ich möchte an dieser Stelle allen denen danken, die durch Bereitstellung von Bildern oder anderen Unterlagen dazu beitrugen, diesen Leitfaden zu gestalten. Mein Dank gebührt an erster Stelle den Damen und Herren, die die englischen Ponyverbände führen, den Geschäftsführern der deutschen Ponyzuchtverbände sowie den Herren Dr. J. E. Flade, Dummerstorf, Reg.-Dir. Prof. Dr. H. Löwe, Hannover, und meinem guten Freund, Sjef de Groot MBE aus Holland, dem Züchter des New-Forest-Fohlens „Bessy“, dessen Kopf den Einband diese Buches ziert.

Vollblutgestüt Harzburg, Weihnachten 1967 W. Uppenborn

Der alle Erwartungen übertreffende schnelle Absatz machte schon innerhalb weniger Jahre eine zweite und dritte Neuauflage notwendig. Die wenigen inzwischen erfolgten Veränderungen wurden berücksichtigt.

Vollblutgestüt Harzburg, Sommer 1973 W. Uppenborn

Inhalt

Ein eigenes Pony – vom Plan zur Tat

1 Wichtige Vorbedingungen für die Haltung

Die Ponys haben nicht nur auf dem Lande, wo die Unterbringung und Haltung meistens keine Schwierigkeiten bietet, sondern noch viel mehr in den Städten die Herzen vieler Menschen erobert. Je mehr Technik und Motorisierung unser Leben bestimmen, desto größer ist bei vielen Menschen jeden Alters der Wunsch, ein eigenes Pferdchen – ein Pony – zu besitzen.

Der Kauf eines Ponys bedeutet im Gegensatz zum Erwerb eines toten Gegenstandes eine große sittliche Verpflichtung, denn wir übernehmen damit die alleinige Verantwortung für das Wohlergehen dieses besonders schönen und liebenswerten Lebewesens.
Wir müssen deshalb *vor dem Ankauf eines Ponys* unter Ausschaltung aller Wunschträume ganz nüchtern und sachlich prüfen, ob wir jetzt und in absehbarer Zukunft alle Voraussetzungen schaffen können, die zur Erfüllung einwandfreier Lebensbedingungen für ein Pony notwendig sind. Hierzu gehören:

1. Die klare Erkenntnis, daß die Haltung eines eigenen Ponys einen Teil unserer Freizeit beansprucht. *Fütterung, Pflege und Bewegung müssen bei Stallhaltung regelmäßig und pünktlich erfolgen,* ganz gleich, ob wir eine andere interessante Abwechslung versäumen, ob es regnet oder schneit. Die Anschaffung eines Ponys muß auch davon abhängen, welche Familienmitglieder die Fürsorge für das Pony übernehmen wollen und können. Wir müssen verhüten, daß nach Erlöschen eines kurzen Strohfeuers der Begeisterung die Fütterung und Pflege unseres Ponys etwa an einem Teil der schon genügend überlasteten Eltern hängenbleibt. Das Pony soll uns Freude bereiten, es darf aber trotz aller Tierliebe keine unerwünschte, nicht zu verantwortende zusätzliche Belastung einzelner sowieso stark beanspruchter Familienmitglieder werden.

2. *Die Möglichkeiten der Unterbringung und Haltung.* Sie können verschiedenster Art sein, z. B.:

a) Unterstellen in einem Reitinstitut oder in den Stallungen eines Reitervereins.
Vorteile: Keine Arbeit mit Pflege und Fütterung. Wenn wir keine Zeit oder Lust haben oder verreist sind, wird für Pflege und Bewegung gesorgt. In vielen Fällen erleichtert die Benutzung einer Reitbahn das Reiten am Abend und bei schlechtem Wetter.
Nachteile: Hohe Kosten, die aus verständlichen Gründen meistens denen eines Großpferdes entsprechen, das sonst in der betreffenden Boxe stehen würde. Die den Ponys besonders zuträgliche Primitivhaltung fehlt.

b) Unterstellen in einem privaten Stall, z. B. auf einem nahegelegenen Bauernhof.
Vorteile: Preiswerte Haltung. Die Morgenfütterung wird häufig von dem Stallbesitzer oder seinen Angehörigen übernommen, was uns die Arbeit wesentlich erleichtert. Besonders wertvoll ist es – gesund und arbeitssparend –, wenn mit dem Stall ein Auslauf oder eine Weide verbunden ist.
Nachteile: Sehr oft weite Entfernungen von unserer Wohnung zum Stall, die besonders an den Winterabenden sich unangenehm auswirken. Das Fehlen einer Reitbahn oder zumindest eines offenen, beleuchteten Reitplatzes erschwert es an den früh dunkelnden Wintertagen, die Ponys zu bewegen.

c) Ein eigener Stall.
Vorteile: Man ist Herr im Haus. Er ermöglicht die billigste und gesündeste Haltung, wenn mit dem Stall ein Auslauf oder eine Weide verbunden ist.
Nachteile: Die gleichen wie unter Punkt b. Es fehlt die Hilfe des Stallbesitzers bei der Morgenfütterung usw., die jedoch manchmal preiswert ein ponybegeisterter Pensionär übernimmt. Sonst ziemlich starke Bindung.

d) Die Primitivhaltung auf eigener Weide.
Vorteile: *Die Weide mit einem einfachen Stall oder Schuppen ist die natürlichste, gesündeste, billigste und am wenigsten Arbeit verursachende Haltung für unsere Ponys.* Ein wertvoller Kompromiß zwischen Stallhaltung und Primitivhaltung ist ein einfacher Stall mit anschließendem Auslauf. Der Stall braucht kei-

nesfalls luxuriös zu sein, er muß trocken, luftig, hell, geräumig und frei von Zugluft sein. Er kann in einfachster Bauweise ausgeführt werden, soll jedoch Platz für die Unterbringung des Winterheues (30–40 Ztr. von November bis Ende April), der Stallutensilien, der Apotheke usw. bieten.
Nachteile: Siehe Punkt b und c.

e) Die Primitivhaltung auf einer Pensionsweide.

Vorteile: Gesund, keine Arbeit, keine Verantwortung für die Instandhaltung der Umzäunung usw.

Nachteile: Es wird kaum möglich sein, das Pony zum Reiten aus der Weide zu nehmen, es extra zu füttern usw. Die Pensionsweide ist für Zucht- und Jungtiere geeignet, für Reit- und Gebrauchsponys nicht zu empfehlen.

Nur nach gründlicher, zufriedenstellender Klärung aller dieser Fragen, die stets nur unter Berücksichtigung des Verwendungszweckes des Ponys behandelt werden können, darf man dem Ankauf eines eigenen Ponys nähertreten. *Man sollte das Pony jedoch niemals nach Hause bringen, bevor alles fix und fertig vorbereitet ist, insbesondere der Stall und die Einzäunung.* Wir ersparen uns damit viel Ärger.

2 Ratschläge für den Ankauf und wissenswerte Vorkenntnisse

a Verwendungsbestimmung

Aus dem Verwendungszweck eines Ponys ergeben sich die an das Pony zu stellenden Anforderungen und damit wichtige Hinweise für Unterbringung, Pflege und Fütterung des Ponys.
Das hochgezüchtete Reitpony mit lebhaftem Temperament stellt bedeutend höhere Ansprüche an Pflege, Fütterung und Haltung als das genügsamere Naturpony. Die zumutbare Lage und Entfernung der Stallung bzw. Weide usw. wird sich hauptsächlich aus dem Alter und der Freizeit der mit der Pflege der Ponys betrauten Familienmitglieder ergeben.

Das Pony, das für ein Kind bestimmt ist, soll in erster Linie ein ruhiges Temperament, einen gutartigen Charakter und beste Manieren besitzen, es soll eine wirkliche Lebensversicherung für unsere Kinder sein (vgl. Seite 106, 119). Alter, Farbe, kleine Schönheitsfehler usw. spielen daneben nur eine völlig untergeordnete Rolle.

Das Pony, mit dem der reiterlich fortgeschrittene Jugendliche an Einzelprüfungen auf Turnieren teilnehmen soll, verlangt mehr Adel, Temperament und Eigenschaften eines ausgesprochenen Reitpferdes und damit eine intensivere Pflege und Haltung.

Das Familienpony muß bestes Temperament besitzen, gesund, zäh und ausdauernd sein. Es darf nicht zu klein sein, damit es auch Erwachsene mit Freude reiten können, empfehlenswert ist eine Größe von 135 – 145 cm. Andererseits können selbst unsere kleinsten Ponys – die Shetties – als echte Familienponys verwendet werden: unter dem Sattel für die Kinder, im Wagen für die Erwachsenen.

b Wege zum Erwerb eines guten Ponys

1. Der sicherste Ankauf ist der bei Freunden, Bekannten oder Vereinsmitgliedern, insbesondere wenn man das Pony schon längere Zeit beobachten konnte, seinen Leumund und den Grund des Verkaufes aus eigener Anschauung kennt.

2. Der Kauf über Inserate in Lokal- oder Fachzeitungen (s. Aufstellung der Fachblätter auf Seite 158). Er verlangt oft kostspielige Reisen und eine recht erhebliche Menschen- und Pferdekenntnis, da man in den meisten Fällen weder den Leumund des Verkäufers noch den des angebotenen Ponys kennt.

3. Der Ankauf über einen der Landesverbände der Ponyzüchter (s. Organisation der Ponyzucht auf Seite 155 ff) oder den Deutschen Ponyklub, letzterer insbesondere für Isländer. Diese Verbände werden uns fachkundig bestens beraten, sie werden jedoch vorwiegend jüngere Tiere anbieten.

4. Der Ankauf auf einem Pferdemarkt ist stets ein großes Risiko. Jeder Verkäufer behauptet, einem das beste Pony anzubieten, dabei wird es in vielen Fällen seinen Käufer bitter enttäuschen.

5. Der Ankauf bei einem angesehenen Händler. So man selber nicht genügend versteht, sollte man einen erfahrenen Pferdekenner oder Reiter mitnehmen, der das Pony beurteilen, reiten und springen kann. Es ist günstig, wenn man dem Händler seine Wünsche erklärt und ihn bittet, einem das Pony vorzustellen, das diesen Wünschen am besten entspricht. Der Käufer und auch der Begleiter sollten sich dem Händler gegenüber nicht als große Fachleute aufspielen, sondern ihm das Gefühl geben, daß sie ihm als Fachmann vertrauen und sein Name ihnen dafür bürgt, daß sie

das richtige Pony erhalten. Wir dürfen bei einem Ankauf über den Handel nicht vergessen, daß im Temperament und in den Manieren beste Ponys sich selbst verkaufen und daher selten über den Handel gehen.

Es ist günstig, wenn man den Verkäufer *unangemeldet* aufsucht, damit man das Benehmen des Ponys beim Einfangen auf der Weide oder beim Auftrensen im Stall beobachten kann. Man kann dabei feststellen, ob das Pony irgendwelche Schwierigkeiten beim Einfangen, Auftrensen und Satteln macht. Man fasse das Pony an die Ohren, wobei es keinen Widerstand leisten darf, da es sonst Schwierigkeiten beim Auflegen von Halfter und Zaumzeug machen wird. Man klopfe es am Bauch und auf der Kruppe, man hebe ihm alle vier Beine hoch, wobei man sich – wenn man einen Hufkratzer bei sich hat – von der Gesundheit der Hufe und des Strahles überzeugen sollte. Man beobachte das Pony beim Aufsitzen, ob es ruhig steht, willig ohne Zackeln antritt, den Hof – ohne zu kleben – in der gewünschten Richtung verläßt, vor Autos und Traktoren keine Angst hat und willig über ein niedriges Hindernis springt. Erwünscht sind ein ruhiger, langer Schritt, ein schwungvoller, fördernder Trab und ein ruhiger, springender Galopp. Stellungs- und Gangabweichungen nach außen sind bei manchen Primitivponys genau wie die Kuhhessigkeit der Hinterbeine weit verbreitet, sie sind nahezu eine Rasseneigentümlichkeit. Bedenklich sind die unerwünschten Abweichungen nach innen.

Das Pony soll in seiner Größe mit seinem Reiter harmonieren, man bedenke dabei, daß die Jugendlichen schnell wachsen. Das Pony müßte deshalb, falls keine jüngeren Geschwister vorhanden sind, nach einiger Zeit durch ein größeres Pony ersetzt werden. Der Ponyliebhaber wird deshalb öfters gleich ein größeres Pony erwerben.

Ponys sind verhältnismäßig spätreif, sie sind erst mit 5 – 7 Jahren ausgewachsen und damit im Vollbesitz ihrer Kräfte. Dafür bleiben sie meist länger leistungsfähig und altern nicht so rasch wie die frühreifen Rassen der Großpferde. Eine zu frühe stärkere Beanspruchung verkürzt aber das Lebensalter der Ponys. Man sollte *für jüngere Kinder älteren, abgeklärten Ponys* mit ruhigem, ausgeglichenem Temperament den Vorzug geben.

Ein gutes Pony hat keine Farbe; Qualität, insbesondere Manieren und Temperament, sind viel wichtiger. Man kaufe kein Pony, das

1. ausschlägt, steigt, beißt, nicht schmiedefromm ist, durchgeht oder vor jedem Auto oder einem ihm fremden Gegenstand scheut,
2. aus der Weide ausbricht,
3. nicht gesund ist, unter Sommerräude leidet (Verdacht bei kurzgeschnittener Mähne), schlechte Hufe hat, häufig an Koliken leidet oder schlecht frißt.

Kaufe nie ein Pony, ganz gleich ob von einem Händler oder deinem besten Freund, ohne es vorher durch einen Tierarzt untersuchen zu lassen. Dies erspart dem Käufer und Verkäufer Ärger und Unannehmlichkeiten.

Man erkundige sich stets – möglichst vor Zeugen – nach dem Grund des Verkaufes, wie lange der Verkäufer und die Vorbesitzer das Pony jeweils besessen haben, nach seinen Krankheiten, Unarten, Eigenheiten, ob es schmiede- und autofromm ist, ob es sich die Hufe aufheben läßt, ob es sich im Sommer scheuert; man frage nach seinem Temperament und nach seinem reiterlichen Ausbildungsstand, bei Isländern, ob er Paß geht und töltet (s. Seite 94).

Die Angaben der Abstammungspapiere vergleiche man genau mit dem betreffenden Pony, um festzustellen, ob diese wirklich zu dem Pony gehören. Sind die Papiere nicht vorhanden und sollen nachgeliefert werden, dann vereinbare man im Kaufvertrag (s. unten), daß das letzte Drittel der Kaufsumme nur gezahlt wird, wenn die einwandfrei zu dem gekauften Pony gehörenden Papiere innerhalb vier Wochen übergeben worden sind und die im Kaufvertrag gemachten Angaben über Abstammung und Alter mit den Angaben der Abstammungspapiere übereinstimmen.

Man messe das Pony vor Abschluß des Kaufvertrages selber mit einem Stockmaß (s. Abb. 10, Seite 35) und achte darauf, daß es voll ausgewachsen – also 5- bis 6jährig – nicht die Höchstmaße seiner Ponyklasse überschreitet. Diese liegen international für die größeren Ponys bei 147,3 cm (übernommen von dem englischen Maß 14,2 hands), bei den Shetties in den meisten Ländern der Bundesrepublik bei 117 cm (für Gebrauchstiere, für Zuchttiere s. Seite 105). Eine Überschreitung des Höchstmaßes kann die Teilnahme an offiziellen

Abb. 1. Das Fjordpony hat auf vielen bäuerlichen Betrieben durch seine vorzüglichen Eigenschaften als Kinderreitpferd viele junge Menschen dem Reitsport zugeführt.

Schauen, Leistungsprüfungen usw. ausschließen. Der Vordermittelfuß (Röhrbeinmaß) wird gemessen an der dünnsten Stelle des Vordermittelfußes (vgl. Seite 23, Abb. 4 Nr. 17 und Abb. 5 Nr. 32).

Der Preis des Ponys. Die Haltung eines Ponys ist im Vergleich zu der eines Großpferdes nicht billiger, weil der Ankaufspreis bedeutend niedriger liegt, sondern durch die uns gegebenen Möglichkeiten der Primitivhaltung. Es ist eine weitverbreitete, jedoch irrige Auffassung, daß das kleine Pony nur einen kleinen Preis kosten darf. Der Züchter wird trotzdem nur selten mit Gewinn arbeiten, die Triebfeder zur Zucht ist fast immer die Liebe zu den Ponys und nicht das Streben nach Gelderwerb. Man denke nur an den Anschaffungspreis einer guten Mutterstute, an die Kosten ihrer Haltung, Fütterung und Pflege, der Bedeckung, der Aufzucht und Ausbildung des Fohlens. Wenn man dazu noch die unvermeidlichen Ausfälle durch Güstbleiben, Todesfälle, Krankheiten und Unfälle sowie die Tierarzt- und Versicherungskosten rechnet, dann müßte das Kinderpony so teuer sein, daß es nur wenige sehr Begüterte erwerben können. Die eigene Arbeitskraft und manche andere Posten werden deshalb im allgemeinen bei der Preisbildung völlig unberücksichtigt bleiben. Bei der Auswahl eines Ponys sollte der Ankaufspreis – sofern er unsere finanziellen Möglichkeiten nicht überschreitet – die geringste Rolle spielen, wenn damit ein Qualitätsunterschied, insbesondere des Temperaments und der Gesundheit, verbunden ist. *Ein schlechtes Pony erfordert die gleichen Haltungskosten wie ein gutes,* das uns jeden Tag von neuem durch seine guten Eigenschaften erfreut und dem wir unsere Kinder beruhigt anvertrauen können. Ein gutes Pony kann man jederzeit zu einem guten Preise wieder verkaufen, ein schlechtes ist kaum abzusetzen.

Es ist verständlich, daß der Verkäufer ein wirklich gutes Pony nicht für eine *Probezeit* abgeben will, denn Neulinge können das Pony leicht verderben, es kann sich in den fremden Stallungen und Koppeln auch verletzen. Das zurückgegebene Pony hat schnell seinen guten Ruf verloren. Die Verkäufer werden dagegen nur allzu gerne bereit sein, ein mittelmäßiges Pony, dessen Verkauf schwierig ist, dem Interessenten für eine Probezeit zu überlassen, mit dem

Abb. 2 (oben). Island-Stute "Héla" mit Hengstfohlen von "Gestur".
Abb. 3 (unten). Fjord-Stute "Isa" mit Stutfohlen von "Ølve".

Versprechen, es bei Nichtgefallen gegen ein anderes Pony umzutauschen. Man hüte sich vor dieser Klausel, die den Käufer letzten Endes zwingt, ein Pony von dem betreffenden Händler zu kaufen, der meist bei jedem Umtausch nochmals verdient. Wenn schon eine Probezeit, dann vereinbare man: Bezahlung des Ponys erst nach der Probezeit; das Risiko in dieser Zeit trägt entweder der Verkäufer oder es wird durch eine Versicherung abgedeckt. Die Probezeit darf aber keine Verpflichtung sein, daß man bei Nichtgefallen des Ponys ein anderes von dem betreffenden Händler kaufen muß.

Man schließe den *Kaufvertrag stets schriftlich ab.* Er muß festlegen: Name, Abstammung und Alter des Ponys, den Verkaufspreis, die Zahlungsweise, das Datum der Übergabe, die Garantie für das Freisein von „gesetzlichen Fehlern" (s. unter „Gewährsmängel" Seite 27) und von allen Mängeln, die den Wert und Gebrauch des Ponys beeinträchtigen, ferner die gemachten Zusicherungen und den Gerichtsstand. Die *Garantiezeit* sollte man nicht zu kurz bemessen, damit sich das Pony in der neuen Umgebung eingewöhnen kann. Das Pony muß gesund sein (Sommerräude!), einwandfrei im Temperament, es darf keine Unarten besitzen, es muß kinderfromm, verkehrssicher und schmiedefromm sein, es muß einwandfrei unter dem Reiter und – so gewünscht – im Wagen gehen. Die Kosten des Transportes trägt – sofern nicht anders vereinbart – der Käufer. Das Pony muß dem Käufer in dem Zustand übergeben werden, in dem es sich im Augenblick des Kaufes befand.

Gegenseitige Ehrlichkeit und Offenheit macht sich beim Verkauf eines Ponys stets bezahlt. Pferdeprozesse können sehr teuer werden, ihr Ausgang ist niemals sicher. Wenn möglich, vermeide man sie. Bei einer Bewertung der vom Verkäufer gegebenen Zusagen ist zu bedenken:

1. Jedes Pony braucht eine gewisse Zeit, um sich in der neuen Umgebung einzugewöhnen,
2. Jeder Mensch reitet anders, spricht eine andere Sprache, riecht anders, hat andere Bewegungen usw. Eine andere Trense, ein anderer Sattel und vieles andere verlangen meistens einige Wochen, bis das gegenseitige Vertrauen und die völlige Harmonie zwischen dem Pony und seinem neuen Besitzer hergestellt sind.

Andererseits ist jeder Versuch, den Käufer zu täuschen, eine verwerfliche und außerdem recht gefährliche Sache. Insbesondere ist das Verschweigen von Gewährsmängeln oder die Zusicherung von nicht vorhandenen Eigenschaften eine durch Verpflichtung zur Rücknahme des Pferdes, durch Prozeß- und Futterkosten oft sehr kostspielige Angelegenheit. Als Verkäufer sollte man im Gegenteil dem Interessenten stets ehrlich die Vorzüge und Fehler des Ponys schildern. Ein derartiges Verhalten macht sich auf lange Sicht gesehen stets bezahlt.

c Feststellen des Alters

Die Bestimmung des Alters ist notwendig, um den Wert und die Brauchbarkeit eines Ponys richtig einschätzen zu können. Ein volljähriges Pony ist für den Käufer wertvoller als ein junges, noch nicht ausgereiftes oder ein altes Pony.

Allgemeine Altersmerkmale zeigt vornehmlich der Ausdruck des Kopfes. Die Linien des Kopfes sind beim jungen Pony weich und verwischt, beim ausgewachsenen Pony sind sie schärfer ausgeprägt. Der Kopf erscheint trockener und länger. Das Profil wird nach dem 12. Lebensjahr durch den zunehmenden Schwund des Unterhautfettgewebes immer härter, die Augengruben fallen ein, der Kehlkopf erscheint ausgehöhlt und trocken. Mit 14 Jahren – teils früher, teils später – erscheinen graue Haare in der Gegend der Augenbögen. Sehr alte Ponys haben u. a. gewöhnlich eckigere Körperformen, weniger gut geschlossene Lippen, faltige Augenlider, Senkrücken und vorstehende Hüftbeine.

Der genaueren Altersbestimmung dienen gewisse Merkmale an den Zähnen:

1. Durchbruch der Zähne
2. Wechsel der Zähne
3. Abnutzung der Zähne, namentlich der Schneidezähne des Unterkiefers.

Das ausgewachsene Pony besitzt im Ober- und Unterkiefer je sechs Schneidezähne und zwölf Backenzähne. Die beiden innersten Schneidezähne jedes Kiefers heißen *Zangen*, ihnen folgen nach außen die beiden *Mittelzähne* und die beiden *Eckzähne* (Abb. 6). Die sechs vorderen Backenzähne sind die *Prämolaren*, die sechs hinteren Backenzähne sind die *Molaren*, sie wechseln nicht. Beim Hengst sitzen in der Lücke zwischen Schneide- und Backenzähnen die vier *Hakenzähne*, jeweils einer rechts und links im Ober- und Unterkiefer. Sie sind ein sekundäres männliches Geschlechtsmerkmal und daher bei Stuten unerwünscht.

Abb. 4. Das Knochengerüst des Ponys.

1 Jochbein
2 Nasenbein
3 Unterkieferbein
4 Hinterhauptsbein
5 Halswirbel (7)
6 Rückenwirbel (18)
7 Lendenwirbel (6)
8 Kreuzwirbel (5) bzw. Kreuzbein
9 Schweifwbl. (18–21)
10 Rippen (18; 8 wahre und 10 falsche)
11 Brustbein
11a Habichtsknorpel
11b Schaufelknorpel
12 Beckenknochen
12a Hüftbein
12b Schambein
12c Sitzbein mit Sitzbeinhöcker
13 Schulterblatt
14 Oberarmbein
15 Unterarmbein
16 Vorderfußwurzel
17 Vordermittelfuß
18 Griffelbein
19 Gleichbein
20 Fesselbein
21 Kronbein
22 Hufbein
23 Strahlbein
24 Oberschenkelbein
25 Kniescheibe
26 Unterschenkelbein
27 Wadenbein
28 Sprunggelenks-knochen
28a Sprungbeinhöcker
29 Hintermittelfuß

(Nach W. Uppenborn, Richtlinien für Reiten und Fahren, Bd. 1, 1964; in den Umrissen verändert.)

Abb. 5. Die Körperteile des Ponys.

Kopf

1 Oberlippe
2 Unterlippe
3 Kinnkettengrube
4 Maul
5 Nase und Nüstern
6 Nasenrücken
7 Backe
8 Unterkieferrand
9 Kehlgang
10 Ganasche
11 Auge
12 Augenbogen
13 Stirn
14 Schopf
15 Ohren
16 Schläfengegend

Rumpf- und Gliedmaßen

17 Genick
18 Ohrdrüsengegend, Ganaschen
19 Kamm
20 Mähne
21 Hals
22 Drosselrinne
23 Kehle (Luftröhrengegend)
24 Vorbrust
25 Schulter
26 Widerrist
27 Oberarm
28 Ellbogengelenk mit Ellbogenhöcker
29 Vorarm
30 Kastanie
31 Vorderfußwurzelgelenk
32 Vordermittelfuß
33 Beugesehnen
34 Fesselgelenk
35 Fesselbeuge
36 Ballen
37 Kronengelenk
38 Zehenwand
39 Huf
40 Trachtenwand
41 Seitenwand
42 Sporader
43 Unterbrust
44 Herzgegend
45 Seitenbrust
46 Rücken
47 Lende
48 Kruppe
49 After
50 Schweif
51 Bauch
52 Flanke
53 Schlauch bzw. Euter
54 Hüfte
55 Hüftgelenk
56 Kniegelenk
57 Oberschenkel
58 Unterschenkel
59 Sprunggelenk
60 Sprunghöcker
61 Hintermittelfuß

(Nach W. Uppenborn, 1961; in den Umrissen verändert.)

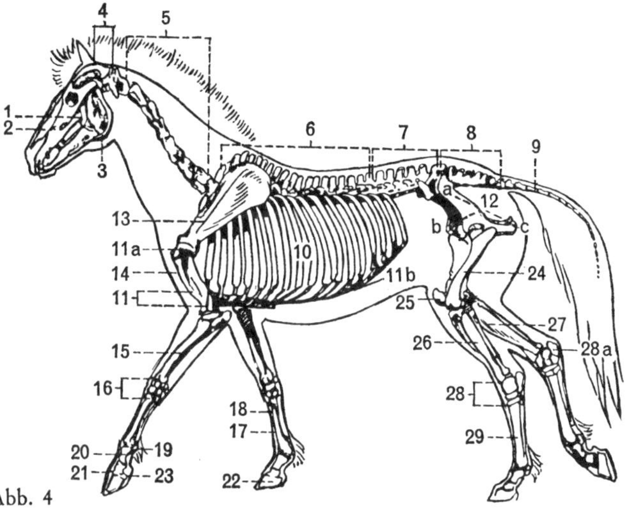
4
5
1
2
3
6
7
8
9
a
12
b
c
13
11a
10
14
24
11b
11
25
27
15
26
28a
16
28
18
17
29
20
19
21
23
22

Abb. 4

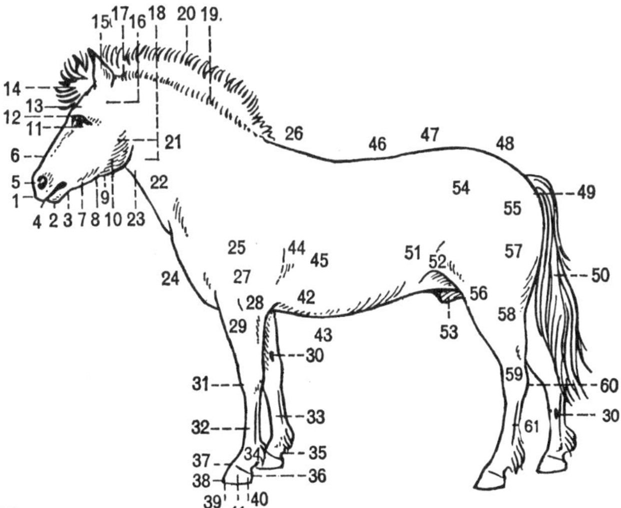
15
17
16
18
20
19.
14
13
12
11
6
21
26
46
47
48
5
1
4
2
3
7
8
9
10
23
22
54
49
55
25
44
45
51
52
57
50
24
27
28
42
56
58
29
43
53
30
31
59
60
33
32
61
30
37
34
35
38
36
39
41
40

Abb. 5

Das Alter der Pferde wird festgestellt:

- bis zum 5. Lebensjahr nach dem Durchbruch und Wechsel der Zähne
- vom 7. bis zum 9. Lebensjahr an dem Verschwinden der Kunden (s. unten) der Schneidezähne des Unterkiefers
- vom 10. bis zum 12. Lebensjahr an dem Verschwinden der Kunden der Schneidezähne des Oberkiefers
- nach dem 12. Lebensjahr nach der Form der Kauflächen.

Die *Kunde,* eine schwarz gefärbte, scharf abgegrenzte Vertiefung der Kaufläche, ist ein etwa in der Mitte der Reibefläche gelegener Schmelztrichter.
Die hier gemachten Angaben beziehen sich auf Großpferde. Bei den spätreifen Ponys wird der Durchbruch der Milchschneidezähne etwas

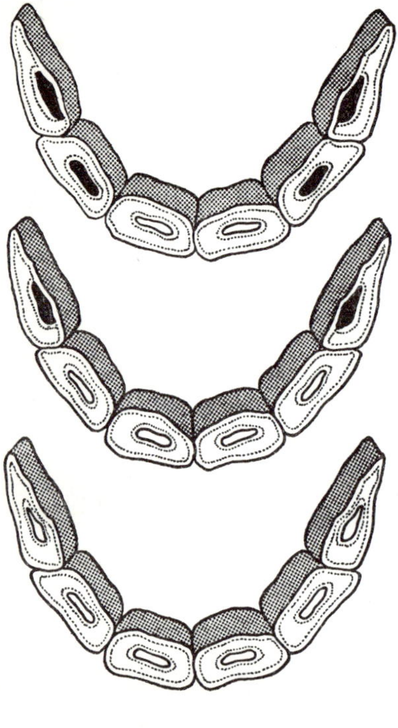

Abb. 6. Altersbestimmung an Zähnen bei Ponys.

Oben: 6 Jahre. Kundenspur an den Zangen, Kunden noch an den Mittel- und Eckzähnen des Unterkiefers.

Mitte: 8 Jahre. Kundenspur an den Zangen und Mittelzähnen, Kunden nur noch an den Eckzähnen.

Unten: 9½ Jahre. Zangen, Mittel- und Eckzähne des Unterkiefers kundenfrei. (Nach A. und L. Brauchle, 1949, verändert.)

später erfolgen. Da die Zähne der Ponys härter sind, wird die Abnutzung des Gebisses und damit das Verschwinden der Kunden und Kundenspuren langsamer erfolgen. Bei Anwendung der hier angegebenen Zahlen ist diese Tatsache zu berücksichtigen, d. h. man wird die Ponys gewöhnlich etwas zu jung einschätzen.

Durchbruch der Zähne

Beim neugeborenen Fohlen sind meistens nur die Milchprämolaren vorhanden. Die für Shetlands und ähnliche Rassen in der Fachliteratur angegebenen Zahlen sind in den nachfolgenden Aufstellungen in Klammern aufgeführt:

in der 1. Woche:
Durchbruch der Milchzangen (1 bis 4 Wochen)

mit 3 bis 8 Wochen:
Durchbruch der Milchmittelzähne (3 bis 4 Monate)

mit 5 bis 9 Monaten:
Durchbruch der Milcheckschneidezähne (7 bis 11 Monate)

mit einem Jahr:
Durchbruch des ersten bleibenden Backenzahnes

mit etwa zwei Jahren:
Durchbruch des zweiten bleibenden Backenzahnes

mit etwa vier Jahren:
Durchbruch des dritten bleibenden Backenzahnes und des Hakenzahnes.

Wechsel der Zähne

mit $2^1/_2$ Jahren:
Wechsel der Zangen ($2^1/_2$–$2^3/_4$ Jahre) und der beiden ersten Prämolaren

mit $3^1/_2$ Jahren:
Wechsel der Mittelzähne ($3^1/_2$–$3^3/_4$ Jahre) und der letzten Prämolaren

mit $4^1/_2$ Jahren:
Wechsel der Eckschneidezähne ($4^1/_2$–$4^3/_4$ Jahre).

Abnutzung der Zähne

Nach dem Durchbruch eines Ersatzschneidezahnes vergeht etwa ein halbes Jahr bis sein Lippenrand, und etwa ein Jahr bis sein Zungenrand in Reibung tritt. Die Kundentiefe beträgt bei den mit den Vorderrändern in Reibung getretenen Schneidezähnen des Unterkiefers im allgemeinen 6 mm. Da die jährliche Abnutzung der Zähne an ihren Reibeflächen etwa 2 mm beträgt, müssen die ca. 6 mm tiefen Kunden nach drei Jahren verschwunden sein.

Da die Kunden an den Schneidezähnen des Oberkiefers ca. 12 mm, also doppelt so tief wie die des Unterkiefers sind, benötigen sie auch die doppelte Zeit zu ihrem Verschwinden, nämlich etwa sechs Jahre.

Es sind somit kundenfrei:

mit 6 Jahren die Zangen des Unterkiefers (6¹/₂ Jahre)
mit 7 Jahren die Mittelzähne des Unterkiefers (8 Jahre)
mit 8 Jahren die Eckschneidezähne des Unterkiefers (9¹/₂ Jahre)
mit 9 Jahren die Zangen des Oberkiefers (ca. 11 Jahre)
mit 10 Jahren die Mittelzähne des Oberkiefers (15 Jahre)
mit 11 Jahren die Eckschneidezähne des Oberkiefers (17–18 Jahre).

Die Formveränderungen der Reibeflächen an den Schneidezähnen

Nach dem Verschwinden der Kunden ist das ungefähre Alter nur noch an der Form der Kauflächen der Schneidezähne des Unterkiefers zu erkennen, sie sind im Alter von

ca. 12 bis ca. 17 Jahren rundlich
über 18 Jahren dreieckig (über 18 Jahre) bzw. längsoval.

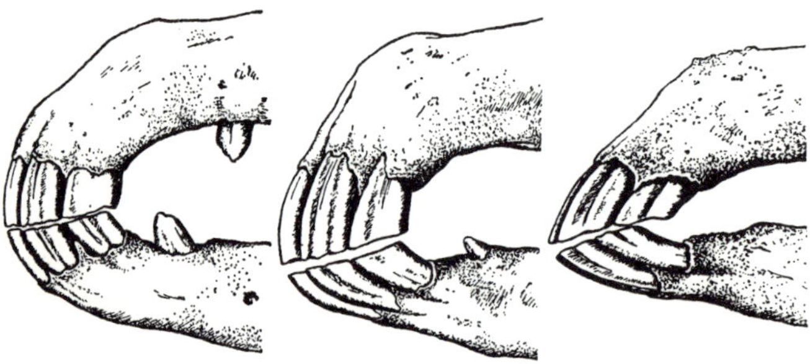

Abb. 7. Veränderung der Schneidezahnrichtung beim Pony.
Links: Zangengebiß bis zum Alter von 11 Jahren. Mitte: Halbes Zangengebiß im Alter von 12–17 Jahren. Rechts: Winkelgebiß im Alter von über 17 Jahren. (Abbildung aus Habermehl, 1961.)

Die Stellung der Schneidezähne (Abb. 7)

In der Jugend stehen die Schneidezähne – von der Seite gesehen – bei geschlossenem Maul – fast senkrecht zueinander (Zangengebiß). Mit zunehmendem Alter (8 bis 17 Jahre) nehmen sie eine mehr nach vorwärts gerichtete Stellung (halbes Zangengebiß) ein und bilden im Alter (über 17 Jahre) einen spitzen Winkel (Winkelgebiß).

Der Einbiß an den Eckschneidezähnen des Oberkiefers

Er entsteht und vergeht durch die Änderung der Zahnrichtung an den Eckschneidezähnen des Oberkiefers. Er tritt mit etwa neun Jahren auf und verschwindet mit ca. 11–12 Jahren.

d Gewährsmängel

Der Verkäufer hat gesetzlich nur gewisse Fehler und zwar die festgelegten Hauptmängel zu vertreten, wenn sie sich innerhalb bestimmter Fristen (Gewährsfrist) zeigen.

Die *Gewährsfrist* beginnt mit dem Ablauf des Tages, an dem die Gefahr auf den Käufer übergeht, das ist meistens der Tag der Übergabe. Sie beträgt bei Pferden 14 Tage, sofern sie nicht durch Vertrag verlängert oder abgekürzt wird. Nach Ablauf der Gewährsfrist bzw. nach dem in dieser Zeit erfolgten Tode des Pferdes stehen dem Käufer noch zwei Tage *Anzeigefrist* zur Verfügung. Es ist zweckmäßig, den durch einen Tierarzt festgestellten Hauptmangel innerhalb der gesetzlichen Frist dem Verkäufer mittels Einschreibebrief mitzuteilen und seinen Anspruch auf *Wandlung des Kaufes* geltend zu machen. Der Käufer hat wegen eines festgestellten Gewährsmangels Anspruch auf Rückgängigmachung des Kaufes (Wandlung), auf Rückerstattung der Kosten für Fütterung und Pflege, der Kosten der tierärztlichen Untersuchung und Behandlung sowie einer notwendig gewordenen Tötung und Wegschaffung des Ponys. Er hat dagegen keinen Anspruch auf eine Herabsetzung des Kaufpreises.

Die *Verjährungs- oder Klagefrist* beträgt sechs Wochen.

Die sechs Hauptmängel bei Zucht- und Nutzpferden sind: Rotz, Dummkoller, Dämpfigkeit, Kehlkopfpfeifen, periodische Augenentzündung und Koppen.

Der *Rotz* ist eine durch den Rotzbazillus *(Bacterium mallei)* verursachte ansteckende Krankheit, die auf den Menschen übergehen kann. Der Rotz kommt als Nasen-, Lungen- und Hautrotz vor; der

Nasenrotz ist die häufigste Form. Die wichtigsten Merkmale sind das Auftreten von Knötchen und Geschwüren, bei Nasenrotz meist einseitiger eitriger oder blutiger Nasenausfluß und einseitig harte Schwellung der Kehlganglymphknoten. Rotz gehört zu den anzeigepflichtigen Seuchen.

Der *Dummkoller* ist eine unheilbare Erkrankung des Gehirns, bei der das Bewußtsein des Pferdes herabgesetzt ist. Die Pferde machen einen müden, blöden, abgestumpften Eindruck, beim Tränken stecken sie oft den Kopf bis über die Nüstern ins Wasser.

Unter *Dämpfigkeit* versteht man durch chronische, unheilbare Erkrankung der Lunge und des Herzens bewirkte Atembeschwerden.

Das *Rohren (Kehlkopfpfeifen)* bezeichnet ein meist nur in der Bewegung hörbares Atemgeräusch, verursacht durch eine chronische Erkrankung des Kehlkopfes oder der Luftröhre. Häufigste Ursache ist die Lähmung eines (meist linken) oder beider Stimmbänder durch Schädigung des Nervus recurrens.

Die *periodische Augenentzündung* umfaßt die auf inneren Einwirkungen beruhende entzündliche Veränderung der inneren Teile des Auges, z. B. durch Leptospirose.

Koppen, auch *Krippensetzen* genannt, ist eine oft aus Langeweile angewöhnte Schluckbewegung mit hörbarem Geräusch.

Unterkunft und Pflege

1 Der Ponystall

Bei der Stallhaltung müssen wir zwischen dem in Deutschland üblichen Pferdestall und der Primitivhaltung unterscheiden. Letztere ist die natürlichste und gesündeste Haltung, sofern wir unsere Ponys nicht aus falsch verstandener Tierliebe verweichlicht haben.

Die *ideale Primitivhaltung* bietet der *Laufstall* (die Boxe) mit Weide und Sandauslauf; letzterer soll selbst auf Kosten der Breite möglichst lang sein, falls seine Maße nicht durch die Benutzung als Reitplatz gegeben sind. Dieses ist für uns die bequemste Ponyhaltung mit verhältnismäßig wenig Arbeit. Im Winter werden sich die Ponys jedoch gerne in dem nassen Sand wälzen, so daß sie völlig naß und verdreckt aussehen. Wenn wir sie in einer Zeit reiten wollen, in der der Auslauf naß ist, müssen wir sie vorher im Stall halten, in dem wir sie durch Querbalken, eine Drahttür oder die untere Hälfte einer geteilten Tür einsperren.

Die an einen *Weideschuppen* zu stellenden Anforderungen sind nicht groß. Sehr praktisch sind die dreiseitig geschlossenen, einseitig nach der windarmen Richtung ganz oder teilweise offenen Schutzhütten aus Holz oder Stein. Die Wände dürfen keine Zugluft durchlassen, das Dach muß wasserdicht und mit einer Regenrinne versehen sein. Praktisch ist ein um ca. 1 m vorspringendes Dach als Sonnen- und Regenschutz. Der Fußboden soll schräg und etwas höher als der Außenboden liegen. Er soll undurchlässig, nicht zu hart und nicht zu kalt sein. Ein Lehmboden ist weich und warm, er kann von Zeit zu Zeit entfernt und nach gründlicher Desinfektion durch einen neuen Lehmbelag ersetzt werden. Dauerhaft, warm und hygienisch einwandfrei sind Fußböden aus hartgebrannten Ziegelsteinen, hochkant auf Kiesbettung gesetzt und mit Zementmörtel ausgegossen. Darauf kommt Torf oder eine Handbreit Torf mit Strohauflage zur Bildung einer Matratze. Als Schwelle dient ein ca. 20 cm kräftiger abgerundeter Balken.

Der Ein- und Ausgang des Schuppens muß, sofern mehrere Ponys auf einer Weide gehalten werden, möglichst breit sein, da sie sich leicht drängen und die Hüftknochen verletzen. Auch die Futterkrippen an den Wänden und die Heuraufen – sofern vorhanden – sollen stets so lang sein, daß kein Abdrängen und Streit entstehen kann.

Der Anbau eines Heuschuppens an der Rückwand des Offenstalls ist praktisch und arbeitssparend.

Jeder Stall braucht Licht und Luft, er soll trocken und zugfrei sein. Feuchte Wärme ist Gift, trockene Kälte schadet nicht, ist sogar gesund, wenn der Boden durch trockene und reichliche Einstreu trocken und warm gehalten wird. Die Boxengröße soll für ein Shetlandpony mindestens 1,80×2,20 m, für größere Ponys 3,00×3,50 m betragen.

Die meisten Stallungen sind zu dunkel und können durch Fenstereinbauten in mehrfacher Hinsicht verbessert werden. Denn nur gut durchlüftete Stallungen sind trocken und gesund. Neben Türen und Fenstern spielt die natürliche Ventilation durch die Umfassungswände, z. B. bei Ziegelbau, eine nicht unerhebliche Rolle. Die gründlichste Durchlüftung geschehe in der Zeit, in der sich die Ponys nicht im Stall befinden. Der Fußboden darf nicht zu glatt sein und sollte ein wenig schräg liegen. Die gute Luftbeschaffenheit hängt auch von der *Reinlichkeit im Stall* ab, z. B. von der rechtzeitigen Entfernung der Ausscheidungen, der Entleerung der Dungkarren bei jeder Stallzeit, sowie der Sauberhaltung der Stallgasse, der Jaucheabflußrinnen, der Krippen, der Wände und Fenster. Man beseitige alle scharfen Ecken und alle hervorstehenden Gegenstände, wie Haken, Nägel usw. in der Boxe und im Stallgang. In der Boxe soll sich neben einem kräftigen, in der Wand befestigten Ring ein nicht zu schmaler und möglichst tiefer Futtertrog befinden, damit die Ponys das Futter nicht herauswerfen können. Das Heu wird entweder am Boden oder in einem Heunetz gegeben.

Selbsttränken – so vorhanden – müssen *stets tadellos saubergehalten* werden, die Verunreinigungen durch Futterreste sind täglich zu entfernen.

Die *Streu* soll dem Pony *ein trockenes, weiches und warmes Lager* bieten. Man unterscheidet Dauer- oder Matratzenstreu und Wechselstreu.

Die Erneuerung der Matratzenstreu erfolgt in größeren Abständen, z. B. zweimal im Jahr, im Frühjahr und im Herbst. Die Ställe werden vor Neuanlage der Matratze gründlich gereinigt und desinfiziert. Der Stallboden muß vor Beginn der Einstreu wieder vollständig trocken sein. Als Unterlage benutze man eine 10 cm hohe Schicht von trockenem Torf. Darauf kommt eine dicke Schicht Stroh, am besten grobhalmiges Roggenstroh. Bei der weiteren Stallpflege ist jedes unnötige Umstechen oder Durchmischen der Streu zur Vermeidung schlechter Stalluft zu unterlassen. Frischer Kot ist möglichst rasch zu entfernen, es ist für eine stets trockene und feste Beschaffenheit der Matratze zu sorgen. Etwaige nasse Stellen sind vorsichtig auszustechen und durch frische Unterlage und trockene Streu zu ersetzen.

Bei der Wechselstreu wird die Streu wöchentlich mehrfach vollständig erneuert.

Die reine Torfstreu ist empfehlenswert für dämpfige Pferde und für Ponys, die durch vieles Strohfressen als Reitponys zu bauchig werden. Der im Laufe des Tages anfallende frische Mist sowie feuchte Stellen werden regelmäßig entfernt. Anschließend wird die Streu mit einer Mistgabel aufgelockert und glattgemacht.

2 Die Pflege des Ponys

a Putzen, Waschen und Frisieren

Man lernt sein Pony am besten kennen und erwirbt sein volles Vertrauen, wenn man es *täglich selber putzt, pflegt und füttert.* Das Putzen ist bei Weideponys nicht notwendig; Sonne, Regen, und Wind sorgen für eine natürliche Hautpflege. Ein intensives Putzen würde das Weidepony seines natürlichen Schutzes gegen Nässe und Kälte berauben. Wird das Weidepony geritten, so putze man oberflächlich den äußeren Schmutz ab, bürste und kämme die Mähne. Nach vorsichtigem Bürsten – damit nicht zu viele Haare ausgehen – verlese man den Schweif (s. unten und Abb. 15, Seite 36), reinige die Hufe (s. Abb. 18, Seite 45) und fette sie bei feuchter Witterung zum Schutze gegen zu viel Feuchtigkeit ein.

Die Ponys verlieren im Frühjahr ihr dickes Winterhaar, sie leiden dabei oft unter starkem Hautjucken, wälzen und scheuern sich, um die Winterhaare loszuwerden. Ein intensives Putzen sollte den Haarwechsel unterstützen und damit zum Wohlbefinden der Ponys beitragen.

Das Putzzeug für Ponys besteht aus dem Striegel, der Kardätsche, der Wasserbürste, einem Mähnenkamm, einem Hufreiniger, einer Hufwasserbürste und einer Huffettbürste sowie zwei Schwämmen.

Der *Striegel*, der nicht zu scharf sein darf, dient vornehmlich im Sommer zur Reinigung der Kardätsche. Im Winter wird er zur Reinigung der langwolligen verschmutzten Ponys verwendet, er darf jedoch nicht am Kopf, an den Beinen und an den Körperteilen, an denen das Fleischpolster fehlt, verwendet werden. Der finnische Gummistriegel hat sich zum Putzen von empfindlichen Ponys bewährt.

Die *Kardätsche* ist das wichtigste Putzzeug. Das Putzen beginnt stets auf der linken Seite, wobei die Kardätsche in die linke, der Striegel in die rechte Hand genommen wird. Beim Putzen der rechten Seite wird die Kardätsche in die rechte Hand, der Striegel in die linke Hand genommen. Man putzt auf jeder Seite von vorne nach hinten. Der Gebrauch der Kardätsche geschieht durch lange, über das Pferd hingleitende, ruhige Striche. Vorzugsweise bürste man mit dem Strich der Haare und mäßige den Druck an empfindlichen Körperstellen. Besonders behutsam sei man beim Putzen des Kopfes (Abb. 12, Seite 36).

Ein *Schwamm* dient zur Reinigung der Augen und Nüstern, ein anderer zur Säuberung des Afters; die Schwämme werden nach jedem Gebrauch ausgespült.

An warmen Tagen kann man die Ponys ganz abwaschen, sofern eine vollständige und gründliche Trocknung gewährleistet ist. Ein Abwaschen des Rückens, der Brust und der Gurtenlage mit kaltem Wasser, möglichst unter Zusatz von etwas Essig, kräftigt die Haut und schützt gegen Druck- und Scheuerstellen. Die Fesseln sind nach dem Waschen durch Abstreifen mit den Fingern und nachfolgendem Abreiben mit einem Tuch gut abzutrocknen.

Mähne und Schweif werden mit der Kardätsche durchgebürstet, mit der Hand verlesen (Abb. 15, Seite 36) und anschließend mit der angefeuchteten *Wasserbürste* angebürstet.

Den *Mähnenkamm* benutze man am Schweif möglichst wenig, da er zu viele Haare ausreißt. Mähne und Schweif sind von Zeit zu Zeit mit warmem Wasser und einem milden Waschmittel oder einer nicht reizenden Seife durchzuwaschen.

Die Frisur der sog. Reitponys

Schlecht liegende *Mähnen* flechte man für kürzere Zeit in kleine Zöpfe. Nach dem Aufmachen der Zöpfchen wird eine zusammengelegte Decke oder ein Sack auf die angefeuchtete, glattgebürstete Mähne gelegt bis sie trocken ist. Zu dicke Mähnen werden unter Zuhilfenahme eines rechteckigen schmalen Mähnenkammes mit kurzen Zähnen verzogen. Eine dicke Mähne muß der Länge nach geteilt und die untere Lage zuerst behandelt werden. Man fange beim Widerrist an und fasse mit Daumen und Zeigefinger der linken Hand ein kleines Büschel Haare an dem Punkt, an dem nach dem Frisieren die Mähne enden soll. Dann kämme man die kurzen Haare aufwärts gegen den Mähnenkamm, winde die in den Händen verbliebenen Haare um den Kamm und ziehe sie mit einem Ruck aus. Wichtig: man zupfe nur jedesmal einige wenige Haare. Wenn die untere Lage die gewünschte Länge erhalten hat, bürste man die obere Lage herunter und wiederhole das gleiche Verfahren. Das obere Haar darf nicht kürzer als die untere Partie sein.

Die Fesselhaare lasse man unbeschnitten, sie sind ein wertvoller Schutz insbesondere in der feuchten Jahreszeit. Am Schopf lasse man genügend Kopfhaare, die ein wichtiger Schutz der Augen gegen die Fliegen sind. Auch die Haare in den Ohren bleiben – abgesehen von einigen besonders struppig hervorstehenden – unberührt. Niemals dürfen die Tasthaare am Maul und an den Nüstern durch Abschneiden oder Ausreißen beseitigt werden.

An dem *Schweif* des Ponys sollte man ebenfalls möglichst wenig schneiden. Wenn man ihn hochhebt und etwas bewegt, dann hängen kurze, ungleich lange Haare an der Spitze herunter. Man kann aber *nur* bei den sog. Reitponys, nicht bei den Naturrassen Fjords, Isländer, Shetties usw., – seitwärts stehend – an beiden Seiten der oberen Unterseite des Schweifes einige dieser Unterhaare herausziehen. Anschließend umfasse man fest den Schweif in der gewünschten Länge und schneide ihn leicht abgeschrägt zu den Sprunggelenken ab. Er wird, wenn das Pony seinen Schweif trägt, unten gerade verlaufen.

Die Frisur des Fjordponys

Die Haarpflege soll sich auf das Mindestmaß beschränken, das notwendig ist, damit die Ponys einen gepflegten Eindruck machen. Am Stirnschopf kürze und schneide man möglichst wenig, er ist ein natürlicher Schutz der Augenpartie gegen die Fliegen. Ein voller Stirnschopf verstärkt den Eindruck der Urwüchsigkeit, er gehört zu einem typischen Fjordponykopf. Die Mähne des Fjordponys ist ein Mittelding zwischen der Stehmähne des Urpferdes und der fallenden Mähne der meisten Kulturrassen. Man schneidet deshalb mit einer scharfen Schere die Mähne in Bogenform über die Länge des Halses zurück. Der Bogen soll hinter den Ohren im Genick des Fjordponys ganz flach ansetzen, d. h. die Haare werden im Genick und über den ersten Halswirbeln ganz kurz geschnitten, in Richtung auf den Widerrist werden die Mähnenhaare allmählich länger gelassen. Der höchste Punkt des Mähnenbogens soll sich nicht in der Mitte zwischen Genick und Widerrist, sondern etwas mehr in Richtung zum Widerrist befinden. Von dort aus wird die Mähne wieder kürzer geschnitten, bis sie dann auf dem Widerrist flach ausläuft. Diese Frisur gibt der Seitenansicht, insbesondere dem Hals Eleganz und Ausdruck.

In Dänemark ist es üblich, das weiße Seitenhaar der Mähne gegenüber dem schwarzen Innenhaar etwa 1–2 cm kürzer zu schneiden, man erhält damit einen bunten, hübschen Mähnenschmuck.

In Deutschland bevorzugt man die norwegische Frisur: die hellen Seitenhaare werden genauso lang wie die schwarzen Innenhaare geschnitten. Das blendende Weiß der Mähnendeckhaare hellt das Gesamtbild unserer Ponys auf und unterstreicht damit den reinen Rassetyp.

Abb. 8 (oben links). Hinstellen. Auf der dem Beschauer zugewendeten Seite liegt die Hand am Zügel unterhalb des Kopfes so, daß sie bei der Betrachtung des Kopfes nicht stört, die andere Hand liegt am oberen Ende des Zügels. Die dem Beschauer zugewendeten Beine sollen offen stehen, so daß alle 4 Beine zu sehen sind (s. z. B. Abb. 30, Seite 73).

Abb. 9 (oben rechts). Das Anbinden des Ponys geschehe niemals an den Trensenzügeln, die leicht reißen (z. B. bei einer heftigen Bewegung des Kopfes), sondern stets an einem am Halfter befestigten Strick oder einer Kette.

Abb. 10 (unten links). Das Messen des Ponys mit Stockmaß.

Abb. 11 (unten rechts). Das Messen des Ponys mit Bandmaß. Der Ansatzpunkt oben ist die höchste Stelle des Widerristes. Falsch: Die Maße müssen genau senkrecht angelegt werden, dazu müssen die beiden Vorderbeine des Ponys nebeneinander stehen.

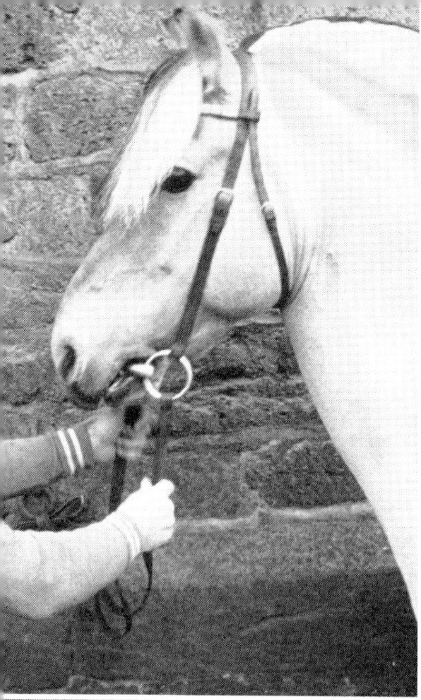

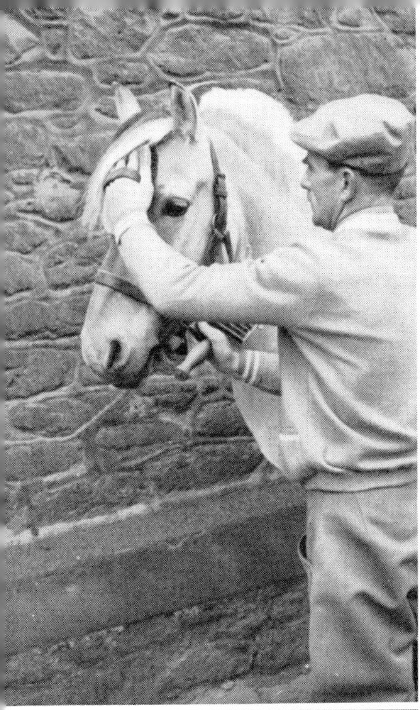

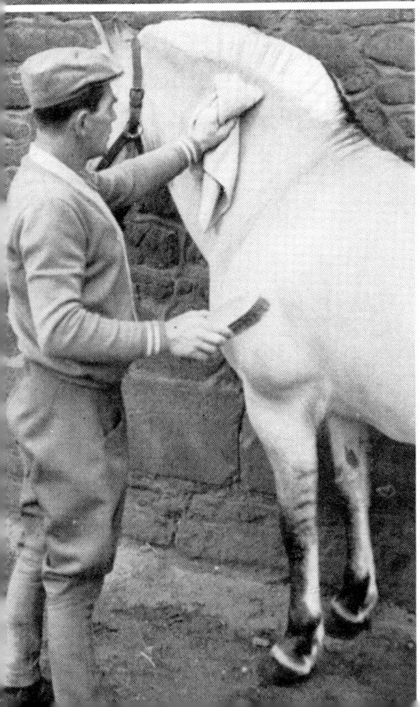

Am Schweif des Fjordponys soll wie am Stirnschopf möglichst wenig herumgeschnitten werden. Der Schweif soll im Verhältnis gleichmäßig voll und von oben nach unten verlaufen. Das Haar soll deshalb nicht an der Wurzel der Schweifrübe zurückgeschnitten werden. Der Schweif soll möglichst lang sein und nach unten allmählich auslaufen. Das Scheuern des Schweifes, das häufig zu beobachten ist, beruht vielfach auf Milben (gründliche Jacutinwaschungen!) oder auf Wurmbefall (Bekämpfung s. Seite 68 ff).

Der verhältnismäßig geringe *Kötenbehang (Fesselbehang) darf nicht beschnitten werden,* es würde unschön wirken und Hautverletzungen und Infektionen in der Fesselbeuge fördern.

Die Frisur des Islandponys

Die Mähne des Islandponys kann man beschneiden und auch teilen, man sollte sie jedoch *niemals verziehen.* Bei einer normalen Mähne schneidet man den dünnen unregelmäßigen Rand derart weg, daß die Unterlinie zuerst ein kurzes Stück der verlängerten Rückenlinie folgt, dann leicht einwärts geschnitten, parallel der oberen Halslinie bis zum Kopf, wo die Haare ein wenig länger werden. Der Schopf soll genauso lang wie die Mähne sein. Am unteren Vordermittelfuß und an der Fessel darf keinerlei Beschneiden der Haare erfolgen, wir berauben unsere Naturponys sonst – wie schon oben bemerkt – eines wirksamen Schutzes gegen Verletzungen und Hautinfektionen, insbesondere auch gegen die Mauke (s. Seite 81).

Abb. 12 (oben links). Am Kopf und allen empfindlichen Teilen, bei denen der Knochen direkt unter der Haut liegt, wird nur mit der Kardätsche und niemals mit dem Striegel geputzt.

Abb. 13 (oben rechts). Putzen der linken Seite des Ponys. Kardätsche in der linken, Striegel in der rechten Hand. Das Putzen geschieht von vorn nach hinten mit langen, ruhigen Bewegungen.

Abb. 14 (unten links). Zum Abschluß des Putzens wird der noch auf den Haaren sitzende Staub mit einem Wollappen abgerieben.

Abb. 15 (unten rechts). Das Verlesen des Schweifes. (Der gepflegte, nicht künstlich zugerichtete Schweif des Fjordponys.) Falsch: Man stelle sich nicht hinter das Pony, sondern an die linke Seite; das ruhigste Pony könnte schlagen.

b Hufpflege und Hufbeschlag

Der Wert unserer Ponys wird weitgehend durch den Gesundheitszustand der Hufe bestimmt. Der Hufpflege sollte deshalb von frühester Jugend an besondere Aufmerksamkeit geschenkt werden. Sie soll die Hufe gesund und leistungsfähig erhalten, d. h. Erhaltung der natürlichen Eigenschaften des Hufhornes und die Verhütung von Formveränderungen.

Die Entwicklung der Fohlenhufe wird in hohem Maße durch die Beschaffenheit der Weide und des Stallbodens beeinflußt. Fohlen, die in steinigen, bergigen Gegenden aufwachsen, haben hohe, schmale, feste Hufe, während die Ponys der Moorgebiete und Marschen meist flache, breite, weiche Hufe besitzen.
Auch die Haltung der Fohlen ist von erheblichem Einfluß auf die Entwicklung der Hufe. Es ist ein großer Unterschied, ob die Fohlen überwiegend auf der Weide, auf einem Tummelplatz oder im Stall gehalten werden. Gerade bei der Stallhaltung wirkt sich eine Vernachlässigung der Hufe am nachteiligsten aus. Ausgedehnter Weidegang auf trockenen, mäßig eindruckbaren und nicht zu steinigen Böden sowie das regelmäßige Berunden der unbeschlagenen Hufe auch während der Weidezeit sind unerläßliche Voraussetzungen für die Entwicklung gesunder Ponyhufe.
Bei Stallhaltung im Winter ist eine trockene, gute Einstreu auf ebenem Untergrund notwendig. Die Hufe sind bei Stallhaltung wenigstens jeden zweiten Tag zu reinigen, insbesondere sind Sohle und Strahl von Dünger und Jauche zu befreien. Bei Weidegang genügt diese Reinigung einmal im Monat.

Die Hufe werden mit dem Hufräumer und einer Wasserbürste gereinigt. Die Strahlgruben und -furchen werden mit einem Stück Holz gesäubert. Bei feuchter Witterung fette man die Hufe vor der Arbeit zum Schutz gegen zu viel Feuchtigkeit ein. Bei trockener Witterung ist ein gründliches Waschen der Hufe nach der Arbeit (Fesselbeuge gründlich austrocknen!) mit nachfolgendem leichtem Einfetten insbesondere an Krone, Sohle und Strahl zur Erhaltung der Feuchtigkeit zweckmäßig. Als Huffett verwende man nur reine tierische oder pflanzliche Fette. Einmal wöchentlich schmiere man die Hufsohle, besonders die gut gesäuberten Strahlfurchen und -gruben dünn mit flüssigem Holzteer ein.

Fohlen mit zu stark abgelaufenen und dadurch empfindlich gewordenen Hufen sind entweder auf weichere Koppeln umzustellen, oder

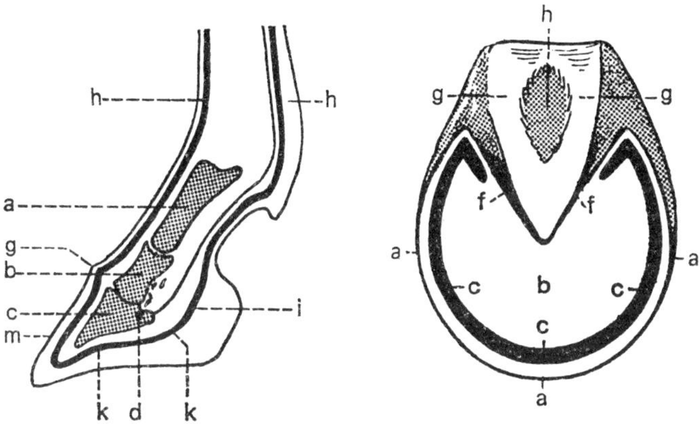

Abb. 16. Ponyhuf.

Links: Ansicht von der Seite: a Fesselbein, b Kronbein, c Hufbein, d Strahlbein, g Kronenwulst, h Hautwand, i Hautballen, k Hautsohle, m Hornwand.

Rechts: Ansicht von unten: a Hornwand und Tragerand, b Hornsohle, c Weiße Linie, f Eckstreben (Fortsetzung der Hornwand), g Hornstrahl, h Strahlfurche. (Nach W. Uppenborn, 1961.)

mit einem leichten Zeheneisen zu beschlagen oder aufzustallen. Der Schmied wird uns über die richtige der zu ergreifenden Maßnahmen beraten. Das Einreiben von Lorbeeröl am Kronenrand hat sich bewährt. Trachtenzwanghufe sind häufig die Folge von Strahlfäule, sie heilen meistens nach Bekämpfung derselben und bei reichlicher Bewegung im Freien von alleine.

Der Fohlenhuf darf nur mit der Hufraspel, aber nicht mit Hufmesser und Hauklinge bearbeitet werden. Am *gesunden Hornstrahl und den Eckstreben darf nichts weggeschnitten werden.* Eine regelmäßige Hufpflege bei den Fohlen wird nur dann stattfinden, wenn sie wenig Zeit und Arbeitskraft beansprucht, d. h. wenn die *Fohlen seit frühester Jugend an das Hochheben der Beine gewöhnt* sind und deshalb keine Schwierigkeiten machen.

Bei Arbeitsponys besteht die tägliche Hufpflege aus der regelmäßigen Reinigung vor und nach der Arbeit, insbesondere ist auf Sauberhaltung und Trockenheit der Strahlfurchen zu achten. Ponys, die ständig auf fester Straße eingesetzt werden, nutzen das Hufhorn so stark ab, daß ein Beschlag (vor allem der Vorderhufe) notwendig wird.

Jeder Beschlag ist aber nur als notwendiges Übel anzusehen, er hebt den Hufmechanismus mehr oder weniger auf, dadurch wird der Blutkreislauf und damit die Ernährung und das Wachstum des Hufhornes vermindert. Ein guter Beschlag erhält auf harten, steinigen, gefrorenen Straßen die Arbeitskraft und Leistungsfähigkeit unserer Ponys, sofern sie nicht barfuß gehen können, was das gesündeste und billigste ist.

Der Beschlag ist regelmäßig alle vier bis sechs Wochen zu erneuern. Dieser Zeitpunkt ist gekommen, wenn die Huffessellinie unterbrochen ist und der Zehenwinkel eines sonst normalen Hufes nicht 45° beträgt, sondern zum spitzen oder zum stumpfen Winkel abweicht. Wenn das alte Eisen nicht zu sehr abgenutzt ist, kann es nach Zurichtung des Hufes wieder aufgeschlagen werden.

Sehr viele Ponys werden in der Schmiede für ihr ganzes Leben verdorben. *Sie müssen dort so ruhig wie möglich behandelt werden,* jede Rohheit und unangebrachte, unbeherrschte Strafe sind zu vermeiden, dagegen ist reichlich Gebrauch von beruhigenden Worten und einigen Leckerbissen zu machen, die die Ponys beruhigen und ihnen die Angst vor der ungewohnten Umgebung nehmen. Junge Ponys werden am besten von einem alten, ruhigen Pony in die Schmiede begleitet.

Der Beschlag selbst ist Sache des Schmiedes. Trotzdem sollte der Ponyhalter die wichtigsten Grundsätze des Beschlages und seiner Durchführung kennen. Sohle und Strahl sollen in der Regel nur ausgeputzt, d. h. von toten und losen Hornteilen befreit werden. Starkes Ausschneiden der Sohle ist häufig die Ursache von Hufkrankheiten und fehlerhaften Hufformen. Das starke Ausschneiden des Strahls vermindert den Hufmechanismus, wodurch Zwanghuf, Strahlfäule sowie zahlreiche Huferkrankungen entstehen. Die Eckstreben sind nur zurückzuschneiden, wenn sie zu hoch geworden sind. Keinesfalls darf die Verbindung mit der Trachtenwand geschwächt oder durchschnitten werden. Die Glasurschicht der Hornwand darf bei gesunden Hufen niemals beraspelt werden, der Huf wird sonst rissig und spröde.

Für die *Beurteilung eines richtigen Beschlages* merke man sich die folgenden Grundsätze: Am gesunden Bein muß von der Seite gesehen die Zehenachse gestreckt verlaufen, d. h. Fessel und Huf gleichgerichtet sein. Von der Seite gesehen ist das Verhältnis der Zehenlänge zur Trachtenhöhe richtig, wenn Zehenwand und Fessel gleiche Richtung haben. Wird der Huf unter dem Beschlag zu lang, so ist die Zehenachse in dem Hufgelenk nach hinten gebrochen. Das Eisen für den gesunden, regelmäßig geformten Huf paßt, wenn der äußere Umfang des Eisens im Bereich der Nagellöcher dem Tragrandumfang entspricht und von den letzten Nagellöchern bis zum Schenkelende 1–2 mm breiter wird, wenn es gerade und gleichmäßig auf der Tragfläche des Hufes aufliegt und die Nagellöcher genau auf die weiße Linie zeigen. Bei den Hintereisen muß der innere Schenkel genau dem Hufrand entsprechen, dadurch wird dem Streichen wie auch dem Heruntertreten des Eisens durch den gegenüberstehenden Huf vorgebeugt.

Das beste Eisen für den gesunden Huf ist das glatte Eisen ohne Griffe und Stollen; auf glatten Straßen, auf denen Stollen notwendig sind, bevorzuge man die niedrigen Hartstahlstollen. *Sparen an der Hufpflege und am Beschlag ist Sparen am falschen Ort.* Die Zeit zur Hufpflege und zum Gang zur Schmiede muß der Ponyhalter erübrigen können, wenn ihm die Gesundheit und das Wohlbefinden seiner Ponys am Herzen liegen.

Fütterung und Futter

1 Grundlegende Hinweise

a Füttern

„Des Herrn Auge macht das Vieh fett". Man sollte die Ponys nicht nach einer festgesetzten Norm, sondern nach den Ergebnissen dauernder Beobachtung füttern, z. B. nach dem Futterzustand, dem Temperament, der Arbeits- oder Zuchtleistung usw. Wichtig sind pünktliche Futterzeiten, die Verwendung von gesunden, einwandfreien Futtermitteln, die individuell gestaltete Zusammensetzung und Menge des Futters und die Vermeidung schroffen Futterwechsels.

Futter und Leistung müssen sich ergänzen, d. h. in enger Wechselwirkung stehen. Mehr Arbeit = mehr Futter, d. h. gehaltvolleres Futter; weniger Arbeit = weniger Futter, d. h. kalorienärmeres Futter. *Viel Futter bei wenig Arbeit verdirbt das Temperament, macht träge und krank.* Es sterben und altern frühzeitig sehr viele Ponys an Überfütterung, aber nur wenige an einer zu knappen Fütterung.

Die große Tierliebe unserer großen und kleinen Ponybesitzer bringt es leider allzu häufig mit sich, daß viele Ponys zu gut und zu reichlich gefüttert und dadurch gesundheitlich geschädigt werden. Der Magen der Ponys ist aber verhältnismäßig klein, er kann große Futtermengen nicht auf einmal fassen. Das Futter muß deshalb auf mehrere Mahlzeiten verteilt werden. *Die Hauptmahlzeit wird den Ponys am Abend gegeben,* d. h. vor der längsten Ruhepause, in der die Ponys das Futter am besten verdauen und damit die Nährstoffe am gründlichsten ausnutzen können.

Das Pony lebt nicht von dem, was es frißt, sondern von dem, was es verdaut. Hinweise für die richtige Verdauung gibt die Beurteilung des Kotes. Er soll gut geballt, nicht zu fest und gelbbraun gefärbt sein. Er darf keinen unangenehmen Geruch haben und keine unverdauten Körner enthalten.

Das Pferd war ursprünglich ein Steppentier. Es lebte von mehr oder weniger kargen Grasflächen mit ihren verschiedenen Gräsern und Kräutern. *Somit sind das Grünfutter – die Weide – und das Heu das natürliche Grundfutter unserer Ponys.* Alle weiteren Zusatzfuttermittel richten sich deshalb in der Vegetationszeit einerseits nach der Güte und Größe der zur Verfügung stehenden Weide, bzw. im Winter nach der Qualität und Menge des den Ponys dargebotenen Heues, andererseits nach der Beanspruchung des Ponys; dabei ist grundsätzlich zwischen dem *Erhaltungsfutter* und dem *Leistungsfutter* zu unterscheiden.

Die gesündeste und wirtschaftlichste Haltung ist der Aufenthalt auf der Weide (vgl. Seite 60 ff), er verursacht nur geringe Futter- und Arbeitskosten. Das Grünfutter auf der Weide ist die natürliche, am besten bekömmliche, vollwertige Ernährung, reich an Mineralstoffen und Vitaminen. Eine ausgedehnte Haltung auf der Weide ist deshalb unentbehrlich für Zuchtstuten, Fohlen und noch im Wachstum befindliche Ponys. Der Weidegang ist auch die in jeder Hinsicht beste Art der Haltung für nichtarbeitende Ponys, die man nicht täglich bewegen kann. Die Möglichkeit zur Bewegung nach eigenem Ermessen fördert die Gesundheit und die Zufriedenheit, die das Pony im Stall u. U. verlieren kann. Die Weide liefert das Erhaltungsfutter für unsere Ponys sowie das Leistungsfutter für geringe Arbeitsansprüche. Reiner Weidegang, wie auch *eine reine Fütterung mit Grünfutter oder Heu, vermindert die Erregungsbereitschaft,* was gerade für Kinderreitponys anfangs sehr wichtig sein kann.

Die meisten unserer Ponys sind allerdings so leichtfutterig, daß sie auf guten Frühjahrs- und Sommerweiden zu dick und damit als Reitponys zu faul werden. Es empfiehlt sich in diesem Fall, die Weidezeit einzuschränken, d. h. die Ponys während des Tages einzuschließen, sofern sich ein Stall oder Schuppen auf der Weide befindet. Die Dauer richtet sich nach Futterzustand und verlangter Leistung.

Auf armen Weiden und für größere Leistungen wird jedoch ein Zusatzfutter notwendig sein, z. B. Hafer oder Hafermischfutter mit Häcksel oder ähnliches, denn nur mit Grünfutter ernährte Ponys fallen bei stärkerer Arbeit zusammen, sie schwitzen leicht, es fehlt ihnen der erwünschte Nerv.

b Tränken

Das Tränken ist genau wie das Füttern von entscheidender Bedeutung für das Wohlbefinden und die Gesundheit, denn das Pony verträgt den Hunger leichter als den Durst. Es muß deshalb täglich mindestens dreimal satt getränkt werden. Das Tränken geschehe regelmäßig *vor dem Füttern.* Die meisten Ponys sind für eine Nachtränke nach dem Verzehren des Rauhfutters dankbar, man kann einen Eimer Wasser nachts in die Boxe hängen. Notwendig ist diese Nachtränke nicht, wenn die Ponys vor der Abendfütterung satt getränkt wurden.

Pferde und Ponys sind von allen Haustieren am empfindlichsten gegen schlechtes oder unsauberes Wasser! *Tränkgefäße, Tränken und Tränkwasser müssen daher peinlich sauber sein. Verschmutzte Tränken sind die Ursache vieler Verdauungsstörungen und einer übermäßigen Vermehrung und Verbreitung der gefährlichen Magen-Darm-Parasiten, der Würmer.* Die Tränkbecken, insbesondere die Selbsttränken, in die die Ponys häufig den Hafer aus dem Maul fallen lassen, sind so oft als notwendig zu reinigen. Die Tränken auf den

Abb. 17–20 auf Seite 45

Abb. 17 (oben links). Anheben des Vorderfußes. Der Ellenbogen drückt die Vorderfußwurzel nach vorn.

Abb. 18 (oben rechts). Vor und nach jedem Ausritt sowie beim täglichen Putzen werden die Hufe, insbesondere die Strahlfurchen, mit einem Hufkratzer sorgfältig gesäubert.

Abb. 19 (unten links). Hochheben des Hinterfußes. Falsch: Der Griff an der Innenseite des Hinterbeines ist gefährlich. Wenn das Pony ausschlägt, kann man leicht verletzt werden. Richtig ist der Griff von außen.

Abb. 20 (unten rechts). So wird der Hinterfuß richtig hochgehalten.

Abb. 21–23 auf Seite 46

Abb. 21 (oben links). Falscher Sitz des Sattels. Der Sattelgurt scheuert am Ellenbogen.

Abb. 22 (oben rechts). Richtige Lage des Sattelgurtes. Der Sattel müßte aufgepolstert werden, da sein tiefster Punkt zu weit hinten und nicht in der Mitte liegt.

Abb. 23 (unten). Die Satteldecke muß stets gut in die Kammer hineingezogen werden, damit sie den Widerrist nicht drückt.

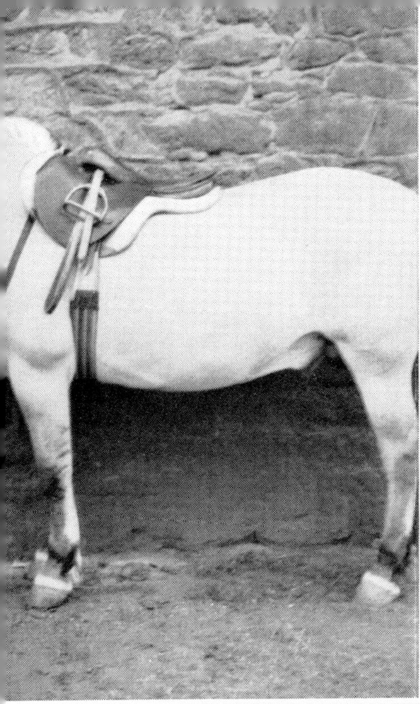

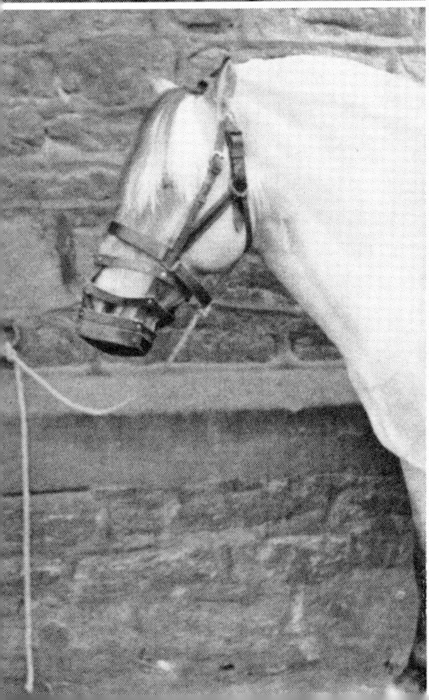
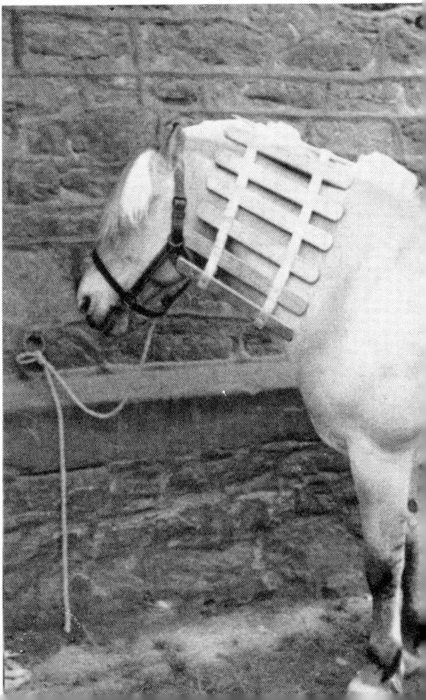

Weiden sind so einzufassen und anzulegen, daß sie keine morastigen Brutstätten für Krankheitskeime und Parasiten bilden.

Das *Wasser* soll farblos, geruchlos, klar und durchsichtig, frei von Beimischungen sein und keinen besonderen Geschmack aufweisen. Es ist am bekömmlichsten bei einer Temperatur von 8–12° C. Zu kaltes Wasser – wenn nicht gewöhnt – verursacht Erkältung und Darmkatarrh, zu warmes Wasser macht schlaff. Die Pferde sollen nicht zu hastig saufen, besonders wenn sie erhitzt sind. Man verhindert es durch Auflegen einer Handvoll Heu auf das Tränkwasser oder man tränkt mit eingelegtem Gebiß. Stark erhitzte Pferde sind erst dann satt zu tränken, wenn sie wieder trocken sind und Herz und Atmung sich beruhigt haben. Sie sollten deshalb vor dem Tränken abgerieben und geführt werden.

2 Wert und Verwendung der Futtermittel

Grünfutter

Das Grünfutter von guten Wiesen, Futterroggen und Futterhafer zur Zeit des Schossens sind ein gern genommenes, bekömmliches Futter mit einem zweckmäßigen Eiweißverhältnis. Grünfutter, das im Stall verfüttert wird, ist täglich frisch zu schneiden, es muß sofort nach dem Einfahren abgeladen und an einem schattigen Ort in dünner

Abb. 24 und 25 auf Seite 47

Abb. 24 (oben). Fehlerhafter Sitz. Zu hohe Hände, hochgezogene Knie und Absätze.

Abb. 25 (unten). Korrekte Haltung des Oberkörpers und der Arme. Die Bügel sind etwas kurz geschnallt, da der Fjordhengst "Holger" gerade einen Geländeritt mit zahlreichen Sprüngen beendet hat; er ist daher auch nicht an den Zügel gestellt.

Abb. 26–29 auf Seite 48

Abb. 26 (oben links). Beim Auftrensen verhütet die rechte Hand ein Ausweichen des Kopfes des Ponys.

Abb. 27 (oben rechts). Das Kopfstück wird zuerst über das rechte, dann über das linke Ohr gelegt. Die Trense darf nicht zu kurz geschnallt werden, da sie sonst die Maulwinkel hochzieht.

Abb. 28 (unten links). Der Maulkorb ist z. B. bei Ponys, die Kolik haben, notwendig, um die Futteraufnahme zu verhindern.

Abb. 29 (unten rechts). Der Halskragen verhindert bei kranken Ponys u. a. das Abreißen des Verbandes.

Schicht ausgebreitet werden. *Erhitztes oder verwelktes Grünfutter, besonders Klee, führen zu schweren Verdauungsstörungen.* Das gemähte Grünfutter ist vor Verunreinigungen durch Staub oder durch andere Tiere zu schützen. Klee und andere Leguminosen besitzen einen so hohen Eiweißgehalt, daß man sie nur in Verbindung mit kohlenhydratreichen, eiweißarmen Futtermitteln, z. B. Zuckerschnitzeln, Kartoffelflocken, Stroh usw., verfüttern sollte. Junges Grünfutter ist mit 4–5 cm langem Häcksel oder mit Futterstroh zu vermischen. *Der Übergang vom Trockenfutter zum Grünfutter und umgekehrt sollte allmählich erfolgen.* Das Tränken ist nach Kleefütterung zu vermeiden.

Heu

Das Heu ist neben oder an Stelle der Weide oder des Grünfutters der für unsere Ponys wertvollste Bestandteil des Futters. Es ist in den Wintermonaten bzw. während der Stallhaltung durch kein anderes Futtermittel zu ersetzen.

Gutes Heu besitzt einen hohen Nährwert, es ist reich an Vitaminen, Mineralstoffen und Spurenelementen. Es gibt durch sein Volumen den Ponys ein Gefühl der Sättigung.

Gutes Heu soll von grüner Farbe sein und in Geruch und Griffigkeit befriedigen. Verdorbenes Heu, schimmeliges, muffiges oder von sauren Wiesen geerntetes Heu, schädigt die Gesundheit unserer Ponys und kann ernste Koliken verursachen. Am gesündesten ist zeitig geschnittenes Heu von trockenen Wiesen mit wertvollen Gräsern, einem Kleeanteil und viel Kräutern, möglichst unter Dach getrocknet. Das frisch geerntete Heu soll erst nach dem Durchschwitzen, d. h. nach einer Lagerung von drei bis vier Monaten, verfüttert werden. Im überjährigen Heu dagegen fehlen die Vitamine, außerdem sind die Verluste durch Abbröckeln der nährstoffreichen Blätter, z. B. bei dem Transport vom Boden zum Stall, sehr beträchtlich.

Luzerneheu ist nur selten in wirklich guter Qualität ohne zu große Blattverluste zu bekommen. Es ist mineralstoff- und eiweißreich und daher geeignet zur Ergänzung eiweißarmer Futtermittel.

Auch die übrigen in der Pferdefütterung verwendeten Heuarten, wie das sehr gern gefressene Timotheeheu, das Rotkleeheu (das niemals an dämpfige oder zu gut genährte Ponys verfüttert werden sollte), das wertvolle Esparsetteheu usw., dürften bei der Ponyhaltung eine nur geringe Rolle gegenüber dem meist preiswerteren und in guter Qualität leichter erhältlichem Wiesenheu spielen.

Stroh

Es dient zur Sättigung und Ergänzung eiweißreicher Futtermittel sowie in Form von Häcksel als unentbehrlicher Anreiz zum besseren Kauen und Einspeicheln des Hafers. Stroh ist voluminös und eiweißarm, es verbilligt die Fütterung. Als Futterstroh ist Haferstroh besonders geeignet, aber auch Gersten- und Sommerweizenstroh sind gegebenenfalls zu verwenden. Das Sommerweizenstroh muß rostfrei sein, damit keine Koliken entstehen.

Zur Häckselbereitung verwendet man am besten Roggenstroh, aber auch Hafer- oder Weizenstroh. Der Häcksel soll niemals kürzer als 2 cm, möglichst 3–4 cm lang sein. Das Futter- und Häckselstroh darf nicht verschimmelt oder dumpfig sein.

An Stelle von Häcksel wird häufig Spreu verwendet. Die Spreu muß sauber und staubfrei sein, die verfütterte Menge ist nicht zu hoch zu bemessen, damit keine Koliken entstehen.

Auch das Streustroh sollte gesund und einwandfrei sein, da die Ponys von ihm fressen und sonst leicht gesundheitliche Schäden auftreten.

Leguminosenstroh (z. B. von Bohnen und Erbsen) ist nur mit größter Vorsicht zu verfüttern, es ist meistens verschmutzt, staubig, oft von Schimmel und anderen Pilzen befallen und verursacht leicht Verstopfungen und Koliken.

Trockengrün

Das künstlich getrocknete Trockengrün besitzt einen hohen Futterwert, insbesondere einen hohen Gehalt an Eiweiß, Mineralstoffen und Vitaminen (Carotin!). Der allmähliche Rückgang des Carotingehaltes bei der Lagerung wird durch Pressung des Trockengrüns in Würfelform und Lagerung in festen, dicken, lichtundurchlässigen Papiersäcken verzögert. Die in der Vitaminversorgung kritischen Monate Januar bis April können mit Hilfe von Trockengrün leichter überwunden werden.

Hafer

Hafer ist das spezifische Körnerpferdefutter in Mitteleuropa, er ist für Pferde und Ponys leicht verdaulich und bekömmlich. Der Hafer soll frei von Staub, Unkrautsamen und anderen Verunreinigungen sein. Er darf weder einen dumpfigen Geruch aufweisen noch schimmelig sein. Er muß gut abgelagert sein und darf nicht zu schnell nach der Ernte – erst nach ca. drei bis vier Monaten – verfüttert werden, andernfalls entstehen Krankheiten, insbesondere die recht gefährlichen Koliken.

Hafer darf an Ponys in größeren Gaben nur mit äußerster Vorsicht und nur bei stärkerer Arbeitsleistung unter besonderer Berücksichtigung des Temperaments verfüttert werden. Man vergesse nie: Hafer wirkt auf Ponys wie Alkohol auf den Menschen!

Man soll den Hafer stets mit nicht zu kurzem Häcksel (siehe Stroh) mischen, um ein zu hastiges Fressen, bei dem das Futter nicht genügend gekaut und eingespeichelt wird, und somit Verdauungsstörungen zu vermeiden. Fohlen, ausgesprochenen Weideponys und alten Ponys mit schlechten Zähnen gibt man den Hafer angequetscht, alle anderen Ponys erhalten ganzen Hafer. Das Andrücken erhöht bei den Fohlen und alten Ponys die Verdaulichkeit des Hafers um ca. 4–6 %. Unverdaute Haferkörner im Pferdemist weisen darauf hin, daß das betreffende Pony die heilen Körner nicht verdauen kann und ein leichtes Quetschen notwendig ist.

Der Austausch von Hafer durch andere Futtermittel unter Berücksichtigung der verlangten Leistung ist von großem gesundheitlichem Wert, durch ihn können wir das *Temperament unserer Ponys wirksam regulieren.* Als Austauschstoffe kommen u. a. in Frage: Weizenkleie, Trockengrün, Trockenschnitzel, Troblakko, Rüben usw.

Der sog. Patent- oder Reformhafer, bezogen von einer renommierten Futtermittelfirma, ist ein vollwertiges, vielseitiges Ponymischfutter, das gerne gefressen wird. Es enthält meistens 40–50 % Hafer (gewalzt), Weizenkleie, Melasse, Haferschalen, Malzkeime, Leinsaatschrot, Mineralstoffe, Spurenelemente und Vitamine.

Ein neues, sehr vielversprechendes Kraftfutter in Pelletform einer bekannten Hamburger Firma für hochwertige Spezialfuttermittel wird augenblicklich von dem Verfasser erprobt und scheint sich wegen seiner Vollwertigkeit und der Einfachheit der Fütterung zu bewähren. Der Preis müßte jedoch den normalen Futterkosten für ein Pony angepaßt werden.

Angekeimter Hafer soll die Deck- und Befruchtungsfähigkeit der Hengste günstig beeinflussen, noch bessere Erfolge hat man jedoch mit angekeimtem Weizen.

Gerösteter Hafer ist ein altes Mittel gegen anhaltenden Durchfall.

Roggen

Roggen ist *kein empfehlenswertes Körnerfutter* für Ponys. Es darf nur völlig einwandfreier Roggen, gequetscht mit reichlich Häcksel, einen Teil der Haferration bei regelmäßig arbeitenden Ponys ersetzen. Roggenfütterung fördert das Entstehen von Verdauungsstörungen und Verschlag.

Gerste

Sie ist mehr ein Mastfutter und deshalb bei heruntergekommenen Ponys als Zugabe zum Mash (s. unter Weizenkleie) zu verwenden. Die harten Gerstenkörner sollen vor der Fütterung eingeweicht oder gequetscht werden.

Weizenkleie

Grob gemahlene, einwandfreie Weizenkleie ist ein wertvolles, schmackhaftes Futtermittel mit relativ hohem Eiweißgehalt, reich an Vitaminen und Phosphorsäure, jedoch verhältnismäßig arm an Kalk. Die Weizenkleie fördert die Verdauung und die Milchsekretion der säugenden Stuten. Der Austausch eines Teiles der Haferration durch trockene oder leicht angefeuchtete Weizenkleie wirkt nervenberuhigend und gesundheitsfördernd, er ist besonders wertvoll bei säugenden Stuten, Fohlen und bei alten, kranken und rekonvaleszenten Ponys.

Die Weizenkleie ist ein wichtiger Bestandteil des *Mash*, der im Herbst und Winter, insbesondere in der Zeit des Haarwechsels, *ein vorzügliches Diätfutter* darstellt, wenn er wie folgt zubereitet wird: Eine Handvoll Leinsamen wird 24 Stunden eingeweicht, dann gut gekocht (umrühren, damit er nicht anbrennt) und siedend über das in einem Eimer befindliche Gemisch aus *gequetschtem* Hafer und Weizenkleie gegossen, gut durchgerührt, mit einem Sack bedeckt und nach einigen Stunden, noch lauwarm, verfüttert. Ein Zusatz von etwas Lebertran oder Leinöl und etwas Glaubersalz – von Zeit zu Zeit – besonders im Herbst, hat sich bewährt.

Melasse

Melasse ist ein sirupartiger Rückstand der Zuckerrübenverarbeitung. Sie wird oft mit Stroh, Biertreber, Kleie usw. zu einer lockeren Masse vermischt. Sie regt den Appetit an, fördert die Darmbewegung und wird deshalb gerne an schlechte Fresser sowie zur Verhütung von Koliken verfüttert. Sie ist meistens ein Bestandteil des fertigen Pferdemischfutters, des sog. Patent- oder Reformhafers.

Rüben

Runkelrüben und besonders *Gehaltsrüben* sind in Zeiten geringer Arbeitsleistung ein gesundes, billiges Massenfutter, reich an Wasser und Kohlenhydraten, aber arm an Eiweiß.
Rote Rüben, an die die Ponys erst allmählich gewöhnt werden müssen, sind ein altes Hausmittel, um den Abgang der Würmer zu fördern.

Mohrrüben

Die roten und gelben Mohrrüben sind ein diätetisch wertvolles, gesundes Futter. Sie sind süß, saftreich, vitaminhaltig, verhältnismäßig nährstoffreich, aber eiweißarm. Sie werden von den Ponys gerne gefressen, regeln die Verdauung und fördern den Abgang der Würmer. Im Herbst und Frühwinter während des Haarwechsels und besonders bei Erkältungskrankheiten gelten sie als ein vorzügliches Beifutter. Die Möhren müssen vor der Fütterung *peinlich sauber gereinigt, das Kraut und der grüne Kopf entfernt werden,* andernfalls entstehen schwere Koliken, die leicht tödlich ausgehen.

Kartoffeln

Für die Fütterung bestimmte Kartoffeln müssen *gesund, gut ausgereift und sauber gewaschen,* außerdem *entkeimt,* die Augen ausgestochen sein. Kartoffeln können roh oder noch besser gekocht verfüttert werden. Rohe Kartoffeln (besonders grün gewordene Knollen) enthalten Solanin, einen für Tiere schädlichen Stoff. Auch das Kartoffelkraut sollte man wegen seines Solaningehaltes nicht verfüttern. Das Kochwasser von Kartoffeln ist ebenfalls deshalb wegzugießen. Gekochte Kartoffeln sind zu zerkleinern und mit nicht zu kurzem Häcksel zu vermischen.
Kartoffelflocken sind gut angefeuchtet, d. h. feuchtkrümelig, ein gutes Futter. Sie werden im Verhältnis zu frischen Kartoffeln wie 1:4 verfüttert.
Beim Verfüttern von Kartoffeln sind, wie bei allen Futtermitteln, die schnell säuern, einige wichtige Punkte zu beachten: Die Sauberkeit des Futters und der Krippen vor und nach der Fütterung, die frische Zubereitung des Futters zu jeder Mahlzeit, die sorgfältige Entfernung aller Futterreste nach der Futterzeit und der Zusatz von phosphorsaurem Kalk und anderen Mineralstoffen.

Haushaltsabfälle

Sie können die Haltung verbilligen und vielseitiger gestalten. Sie müssen jedoch gesund und sauber sein, und dürfen nicht plötzlich in zu großer Menge verfüttert werden. In Frage kommen u. a. Gemüseabfälle und altes Brot, das nicht schimmelig sein darf. Falläpfel sind in beschränktem Umfang ein wertvolles, gesundes Beifutter, z. B. als Ersatz für Rüben.

Mineralstoffe, Spurenelemente und sonstige Futterzusätze

Von den *Mineralstoffen* besonders wichtig sind Kochsalz, Kalk und Phosphor. Empfehlenswert sind Jodsalzlecksteine, die man den Ponys ganzjährig zur Verfügung stellen sollte. Sofern der Jodbedarf anderweitig befriedigt wird, genügen gewöhnliche Minerallecksteine oder noch besser Kupfersalzlecksteine. Wenn die Ponys von den Jodsalzlecksteinen zu viel aufnehmen, ersetzt man diese durch tägliche Zugabe eines Teelöffels von jodiertem Speisesalz, z. B. Lüneburger Jodsalz, zum Futter. Die von bekannten Firmen angebotenen Mineralbeifuttermittel sind fast alle zu empfehlen.

Zu den *Spurenelementen* zählen u. a. Eisen, Kupfer, Mangan und Jod. Der Bedarf wird, abgesehen von Jod in jodarmen Gegenden, meistens durch die übliche Fütterung gedeckt.

Algenmehle sind ein wertvolles Beifutter, sie enthalten die verschiedensten Spurenelemente, insbesondere auch Jod, Aminosäuren und Vitamine.

Die Zufütterung eines *Heilkräuter*-Beifutters ist bei sehr einseitig zusammengesetztem Wiesenheu nützlich.

3 Futterbeispiele

a Futter für Shetlandponys

1. Der Amerikanische Shetland Pony Club in Lafayette (Indiana) empfiehlt: Untätige Ponys werden im Sommer auf guter Weide, im Winter mit gutem Heu ohne Körnerfutter gehalten. Sofern sie arbeiten, wachsen oder zur Zucht benutzt werden, ist zu diesem Grundfutter (gute Weide oder Heu) eine Körnerzufütterung notwendig. Die in USA gebräuchliche Faustzahl für Ponys, die regelmäßig arbeiten, ist pro Tag und pro 100 kg Körpergewicht 1 kg Getreide und 1 kg Heu. Ein 4 Ztr. schweres Pony erhält demnach 2 kg Körnerfutter und 2 kg Heu.

2. Nach Dr. BREIDBACH in „Zucht, Haltung, Leistung und Arbeitsverwendung des Kleinpferdes in der Bundesrepublik" gilt für die Fütterung des Shetlandponys (Gewicht 170–200 kg):

je Tag Winterfütterung	3 kg Wiesenheu 4 kg Rüben 1 kg Spreu	253 g verdauliches Eiweiß 1174 Stärke-Einheiten
bei leichter Arbeit	0,5 kg Hafer 0,5 kg Trockenschnitzel 0,5 kg Troblakko 2,0 kg Heu 1,0 kg Stroh	245 g verdauliches Eiweiß 1490 Stärke-Einheiten
bei schwerer Arbeit (täglich im Geschäftsgespann)	1 kg Hafer 1 kg Kleie 0,5 kg Spreu mit Melasse 3 kg Heu	394 g verdauliches Eiweiß 2010 Stärke-Einheiten

3. Dr. J. E. FLADE, Dummerstorf (DDR) empfiehlt:

im 1. Winter	1,1 kg Kraftfutter 1 kg Wiesenheu 1 kg Futterstroh 1,5 kg Saftfutter
im 2. Winter	0,8 kg Kraftfutter 1,25 kg Wiesenheu 1,25 kg Futterstroh 2,5 kg Saftfutter (Rüben und Möhren)
im 3. Winter	0,8 kg Kraftfutter 1,5 kg Wiesenheu 1,5 kg Futterstroh 2,5 kg Saftfutter (Rüben und Möhren)

für Arbeitsponys	unter 100 cm	über 110 cm
	1,0 kg Hafer	1,2 kg Hafer
	2,5 kg Rauhfutter mittlerer Qualität	3,0 kg Rauhfutter mittl. Qualität
	3,0 kg Saftfutter (Rüben)	3,5 kg Saftfutter (Rüben)

Bei Arbeitsponys, die als Laufponys Verwendung finden, wird ein Teil des Saftfutters durch Kraftfutter ersetzt. In die Futterration der Shetlands können auch Haushaltsabfälle in einwandfreiem Zustand eingebaut werden, z. B. Gemüseabfälle, gekochte Kartoffeln, Kartoffelschalen, Falläpfel usw. Außerhalb der Wintermonate ersetzt der nächtliche und sonntägliche Weidegang das Rauh- und Saftfutter. Zuchtstuten und Hengste, die arbeiten, erhalten während der Deckzeit zu der obengenannten Ration eine Zulage von 0,5 kg Hafer. Ponys, die nur zur Zucht gehalten werden, oder Ponys, welche nicht zur Zucht, aber zu leichter kurzfristiger Arbeit benutzt werden, benötigen im Sommer auf guter Weide kein Zufutter, dieses braucht nur bei regelmäßiger Arbeit in Form von Leistungsfutter, z. B. Hafer, gegeben werden.

Bei reiner Weidehaltung vom 1. Mai bis 31. Oktober wird für ein ausgewachsenes Shetlandpony von ca. 200 kg Lebendgewicht eine Weidefläche von 0,5 ha benötigt.

b Futter für Fjordponys, Haflinger, Isländer und ähnliche Rassen

Wichtig ist ein Futter von so vielseitiger Zusammensetzung, daß es den Nährstoffbedarf und alle für das Pony lebenswichtigen Stoffe liefert. Ein Teil des Heues kann eventuell durch gutes Futterstroh ersetzt werden. Jedoch vergesse man nie den großen Wert von gutem Heu! 6–10 kg je nach der durch die verlangte Leistung bedingten Kraftfuttergabe sind für die Ernährung und Gesundheit unserer Ponys notwendig.

Hafer und Müßiggang können das beste Temperament eines Ponys verderben. Man gebe ihn nur in geringen Gaben bei sorgfältiger Beobachtung des Temperaments.

Die Grundlage der Fütterung bietet die Weide bzw. das Heu, daneben Rüben oder Möhren, je nach verlangter Arbeitsleistung. 1–3 kg Kraftfutter (Hafer mit Häcksel bzw. Spreu, Kleie usw. oder Patenthafer mit Häcksel bzw. Spreu) sowie gegebenenfalls Trockengrün, Algenmehl, Mineralbeifutter oder eine geringe Menge von Fischmehl.

Bei der Aufzucht hüte man sich vor zu starken Kraftfuttergaben, sie fördern einen unharmonischen Körperbau, Gallen und Stellungsfehler. Der Oberkörper entwickelt sich zu stark im Verhältnis zum Knochenbau und zur Ausbildung der Gelenke. Wenn möglich, halte man die Fohlen und Jungponys auch im Winter in einem an einer

Seite offenen Schuppen, der ihnen den freien Auslauf auf eine Weide oder in einen Laufgarten ermöglicht.

1. Sie erhalten nach dem Vorschlag von Prof. M. WITT folgendes Futter (z. B. Fjordponys):

in der 1. Winterstallzeit	ca. 2 kg Kraftfutter 2 kg Rüben Heu bis zur Sättigung (2,5 kg) oder 5 kg Rüben bis zu 6 kg Heu Haferstroh bis zur Sättigung.
in der 2. Winterstallzeit	1 kg Hafer 4 kg Rüben Heu bis zur Sättigung oder 4 kg Rüben 3 kg Heu Haferstroh bis zur Sättigung
in der 3. Winterstallzeit	1,5 kg Hafer 4 kg Heu, Grassilage[1] bis zur Sättigung oder 10 kg Grassilage 3 kg Heu Haferstroh bis zur Sättigung.

Das im 1. Winter verfütterte Kraftfutter besteht z. B. aus einer Mischung von 47 % Hafer, 30 % Weizenkleie, 10 % Leinkuchenmehl, 10 % Sojaschrot und 3 % einer Mineralstoffmischung DLG IIIa. Salzlecksteine oder Minerallecksteine sind stets zur Verfügung zu stellen.

2. HESSE empfiehlt folgende Rationen:

	kg Heu bei Arbeit			kg Hafer bei Arbeit		
	leicht	mittel	schwer	leicht	mittel	schwer
Isländer	6,0	6,1	6,3	1,3	2,5	3,5
Fjordpony	6,6	7,3	7,7	1,2	2,5	3,5
Haflinger	6,6	7,3	7,8	1,4	2,5	4,5

---

[1] Silage, Sauerfutter oder Gärfutter ist ein durch Milchsäuregärung gewonnenes Saftfutter, z. B. aus Landsberger Gemenge, Mais oder aus Gras.

Ein Teil des Heues kann durch Saftfutter ersetzt werden. Den Hafer ersetzt man teilweise gerne durch folgendes Kraftfuttergemisch, das man gegenüber der Haferration etwas erhöht:

bei leichter Arbeit: $^1/_3$ Hafer, $^1/_3$ Troblakko, $^1/_3$ Trockenschnitzel

bei mittlerer und schwerer Arbeit: $^2/_3$ Hafer, $^1/_6$ Troblakko, $^1/_6$ Trockenschnitzel

dazu selbstverständlich Salzleckstein und ein Mineralstoffbeifutter, z. B. Vitakalk, Ramikal, Sb-Futter, Beyers Mineralfutter, Dr. Rentschlers Mineralfutter usw.

Für die Haflinger empfiehlt Ing. OTTO SCHWEISGUT (1965) nachstehende Futterrationen:

Jährlinge	2 kg Hafer	1 kg Kleie	3,5 kg Heu	5–6 kg Stroh
Zweijährige	1,5 kg Hafer	1 kg Kleie	6 kg Heu	5–6 kg Stroh
Dreijährige	1 kg Hafer	1 kg Kleie	7,5 kg Heu	5–6 kg Stroh

Die Weide

Die idealen Lebensverhältnisse bietet dem Pony die Weide. Man rechnet für ein Pony wenigstens ein halbes Hektar (5000 m^2) pro Jahr. Die Haltung auf der Weide ist gesund, billig und arbeitssparend. Sie gibt uns die Möglichkeit einer guten und einfachen Versorgung des Ponys, wenn uns einmal die Zeit fehlt, unseren Schützling zu bewegen oder wenn wir verreisen wollen.

Es ist selbstverständlich nicht einfach, eine Weide zu pachten. Wir werden sehr oft unsere Ansprüche zurückschrauben und mit einem kleinen Auslauf vorerst zufrieden sein müssen. Jedoch sollten wir keine Mühe scheuen, uns immer wieder nach einer wirklich guten Weide umzusehen. Diese muß leicht erreichbar, möglichst groß und gut eingezäunt sein, so daß das Pony nicht ausbrechen und sich auch nicht verletzen kann. Sie muß Wasser zum Tränken und, wenn sie ganz ideal sein soll, einen Windschutz in Form einer Hecke oder eines Gebüsches sowie Schatten im Sommer und gegebenenfalls einen Schuppen für den Winter besitzen. Man wird aber erstaunt sein, wie selten – abgesehen von der Suche nach Schutz vor Fliegen im Sommer – die Ponys sich selbst bei strenger Kälte tagsüber in den Schuppen begeben.

Ponys lieben trockene Weiden, etwa lehmigen Sand oder sandigen Lehm. Ungeeignet sind Weiden mit stauender Nässe, also hohem Grundwasserstand oder schweren undurchlässigen Böden; auf ihnen ist zumindest eine Dränage oder sonstige Entwässerung notwendig, denn derartige Böden haben meist einen minderwertigen Grasbestand von Binsen und Schilf. Die nasse Grasnarbe leidet besonders stark unter den Pferdehufen, sie ist eine Brutstätte für Insekten und Würmer. Auf derartigen Weiden werden keine harten und gesunden Ponys gedeihen. Eine erfolgreiche Weidehaltung wird nur gegeben sein, wenn die *Weiden nicht zu stark mit Ponys besetzt* sind und außerdem alle Maßnahmen durchgeführt werden, die die *Gefahren einer stärkeren Verwurmung verhindern.*

1 Weideführung

Der *Wechsel von Nutzung und Schonung* ist notwendig

zur Erholung der Grasnarbe

aus Gründen der Weidehygiene (Vermeiden einer zu starken Verwurmung).

Ponys sind vom Standpunkt der Weidenutzung – das können wir nicht bestreiten – schlechte Weidetiere, sie weiden mit ihrem Zangengebiß einzelne Stellen zu kurz ab, wogegen sie andere Stellen unberührt wuchern lassen, die sog. Geilstellen. Wir müssen deshalb die *Weide in einzelne Koppeln unterteilen,* wodurch wir für ein gleichmäßigeres Abweiden sorgen und uns den wechselnden Wachstumsbedingungen im Jahresablauf besser anpassen können. Man kann einen Teil des reichlich vorhandenen und eiweißreichen Frühjahrsfutters als Heu oder noch besser als Silage (wegen der verminderten Gefahr der Verwurmung) gewinnen. Es ist sehr empfehlenswert, Ponys im Wechsel mit Rindvieh weiden zu lassen. *Das Rind ist Balsam für die geplagte Ponyweide.* Es frißt die Stellen ab, die das Pony meidet, im Verdauungskanal des Rindes gehen die Wurmlarven zugrunde, der Rindermist kann auf der Koppel liegen bleiben, wenn er, sobald er oberflächlich leicht abgetrocknet ist, verteilt wird. Zum Schutz der Grasnarbe und gegen eine zu starke Verwurmung ist der Pferdemist mindestens zweimal wöchentlich abzusammeln.

Durch den Umtrieb der Ponys auf die ausgeruhte Weide bekommt die Grasnarbe der bisher abgeweideten Fläche die notwendige Ruhe. Nach dem Umtrieb muß das dann noch überständige Gras und Unkraut abgemäht und abgefahren werden. Die ideale Reihenfolge wäre somit: Ponys, Rinder, Reinigungsschnitt, Ruhezeit. Mit fortschreitender Jahreszeit verlangsamt sich das Wachstum, die Ruhezeiten sollten dementsprechend länger werden.

Während längerer Regenperioden, bei denen die Grasnarbe unter den Hufen der laufenden und spielenden Pferde besonders stark leidet, ist die Benutzung einer Waldkoppel – sofern vorhanden – empfehlenswert.

Es ist wichtig, daß die Weiden zeitig genug im Herbst Ruhe erhalten. Die Ponys kommen auf eine *Trampelkoppel* oder noch besser in einen *Sandauslauf*, damit die Grasnarbe unserer Weide nicht zu sehr zerstört wird und die Ponys nicht dauernd im Schlamm stehen. Selbst wenn wir unsere Ponys im Sommer auf der Weide eines Landwirts mitweiden lassen können, was gegenüber einer eigenen Weide seine großen Vorteile, aber auch gewisse Nachteile hat, ist dieser Sandauslauf – anschließend an einen Laufstall – für die Winterhaltung äußerst wertvoll. Dieser Sandplatz soll eben und waagerecht sein, gegebenenfalls lege man eine Dränage, damit das Regenwasser abziehen kann. Die Sanddecke (möglichst tonfreier Sand) betrage ca. 20 – 25 cm, die Größe des Sandauslaufes mindestens 15 × 25 m, wenn wir ihn gleichzeitig als kleinen Reitplatz benutzen wollen.

2 Düngung der Weide

Der Ertrag unserer Weiden wird weitgehend von einer ordnungsgemäßen Düngung abhängen.

Die *organische Düngung* geschieht entweder durch *Kompost* (z. B. durch gründlich zu Kompost verarbeiteten Ponydünger, bei dem durch sorgfältig überwachte Selbsterhitzung aller Teile der Düngermiete die Wurmlarven und -eier restlos vernichtet sind) oder durch *Rindermist*, beides in Form einer sehr dünnen Schicht. Der organische Dünger vermehrt den Humusgehalt und das Bodenleben, er bewirkt eine rasche Umsetzung insbesondere der Phosphorsäure in pflanzliche Substanz. Er enthält wichtige Spurenelemente, wie Mangan, Kupfer, Bor und Kobalt. Fehlen diese im Boden, dann fehlen sie auch im Futter. Die Folgen sind Mangelerscheinungen und Lecksucht bei den Ponys. Der dünn ausgebreitete Kompost oder Stallmist der Rinder verhindert im Sommer das Ausbrennen und dient im Winter als Frostschutz der Weiden.

Die Menge des zu gebenden *anorganischen Düngers* richtet sich nach dem Nährstoffbedarf der Weide, über den eine Bodenuntersuchung durch die zuständige Landwirtschaftsschule Auskunft gibt. Die wichtigsten Nährstoffe sind Kalk, Phosphor, Kali und Stickstoff. Bewährte Düngemittel für unsere Weiden sind: Hüttenkalk, Thomasmehl, Kalimagnesia, Volldünger (z. B. Nitrophoska 12 × 12 × 17) usw. Über Zeit, Art und Menge der Düngung lasse man sich von einem erfahrenen Landwirt oder der zuständigen landwirtschaftlichen Schule beraten.

Durchschnittswerte für die anorganische Düngung sind:

Kalkung alle 2 – 3 Jahre ca. 10 – 15 dz je ha Hüttenkalk oder ca. 4 – 6 dz je ha gemahlenen Branntkalk. Bei Kalkmergel streut man je nach Ca-Gehalt die doppelte oder dreifache Menge.

Thomasmehl (Phosphor und Kalk) 6 dz je ha (Herbstdüngung).

Kali 40 % 3 dz, davon die Hälfte im Herbst, die Hälfte im zeitigen Frühjahr.

Kalksalpeter oder ein anderer Stickstoffdünger ca. 1 – 1½ dz je ha in 2 – 3 Gaben nach dem Abweiden oder Abmähen vor der Ruhepause.

3 Die Pflanzen der Ponyweide

a Weidegräser und -kräuter

Die wichtigsten *Weidegräser*, brauchbar für alle Standorte, sind:

Deutsches Weidelgras *(Lolium perenne)*
Wiesenschwingel *(Festuca pratensis)*
Wiesenrispe *(Poa pratensis)*

Für arme, trockene Sandböden:

Rotschwingel *(Festuca rubra)*

Beispiel einer Saatmischung:

Deutsches Weidelgras	20 kg / ha
Wiesenschwingel	10 kg / ha
Wiesenrispe	8 kg / ha
Weißklee	2 kg / ha
	40 kg / ha

Zur Nachsaat für kleinere Kahlstellen genügen:

Deutsches Weidelgras	4 g / m²
Wiesenrispe	1 g / m²
	5 g / m²

Unsere Ponys sind für eine vielseitige Pflanzendecke mit reichlichem *Kräuterbesatz* auf den Weiden dankbar. Nicht jedes Kraut ist ein Unkraut. Vereinzelte sogenannte Unkräuter, wie junge Disteln, Brennesseln, Kamille, Kümmel, Spitzwegerich, Schafgarbe usw., geben unseren Ponys die notwendige Vielseitigkeit im Weidefutter, die leider in vielen gepflegten und mit reichlich Kunstdünger (insbesondere mit Stickstoff) getriebenen Grasbeständen fehlt. Kräuter und Klee haben einen höheren Nährstoffwert als die Gräser. Der Weißklee *(Trifolium repens)* und der Löwenzahn *(Taraxacum officinale)* werden von den Ponys gerne gefressen, sie sind hochwertige, nährstoffreiche Futterpflanzen mit einem hohen Gehalt an Eiweiß, Phosphorsäure, Kalk, Kali und Magnesium. Ein übermäßiger Kleeanteil ist leicht durch eine Stickstoff-Düngung, die die Gräser fördert, zu regulieren.

b Unerwünschte Gewächse

Giftige Pflanzen sind auf den trockenen, trittfesten Pferdeweiden selten. Sie bevorzugen feuchte, sumpfige Grünlandflächen, die für Pferde und Ponys ungeeignet sind. Nur die Hahnenfußarten sind in grünem Zustand schwach giftig. Die sehr giftige Herbstzeitlose *(Colchicum autumnale)* ist sehr trittempfindlich und deshalb in den Weiden kaum verbreitet. Vorsicht ist aber in unseren Gärten geboten, denn hier sind folgende Gewächse besonders giftig: Akazie, Eibe, Buchsbaum, Tollkirsche, Goldregen, Liguster, Maiglöckchen und Hyazinthen.

Nicht erwünscht sind ferner:

niedrige nicht faßbare *Rosettenpflanzen,* z. B. Gänseblümchen, Vogelknöterich, Großer und Mittlerer Wegerich, Einjährige Rispe;
überständig werdende Pflanzen, z. B. Disteln, Große Brennessel, Ampferarten, Scharfer Hahnenfuß, Binsen, Rohrschwingel, Rasenschmiele, Knaulgras usw.

Die *Bekämpfung* geschieht

durch *Wirtschaftsmaßnahmen:* Nachmahd, Wechsel zwischen Weidenutzung (Pony – Rind – Schnitt), verstärkte Düngung, Aushacken;
durch *chemische Mittel,* die sog. Herbizide, deren erfolgreiche Anwendung die Beratung durch einen Fachmann voraussetzt.

4 Einzäunung

Die *ausbruchsichere* Einzäunung der Weiden kann nicht ernst genug genommen werden. Ausgebrochene Rinder oder Ponys können schwerste Verkehrsunfälle verursachen und schlimmste Folgen nicht nur für die Verunglückten, sondern auch für den Tierhalter bedeuten, der für den Schaden aufzukommen hat. Die ständig ansteigende

Motorisierung zwingt uns zu allergrößter Sorgfalt. Man mache es sich zum Prinzip, die *Koppeltore stets durch Kette und Schloß* gegen ein unerwünschtes Öffnen durch Mensch oder Tier abzusichern.

a Weidezaun-Typen

Der in den größeren Gestüten übliche *hölzerne Koppelzaun* aus starken Eichen- oder Lärchenpfosten mit waagerecht angeschlagenen derben Fichtenstangen ist verhältnismäßig teuer und erfordert für größere Flächen einen recht erheblichen Arbeitsaufwand.

Der *Drahtzaun* aus wenigstens 2 mm starken blanken Spanndrähten dürfte nur ausreichen, solange reichlich Futter auf der Weide steht. Er kann notfalls in Verbindung mit einem Elektrozaun Verwendung finden. Eine Fichtenlatte, die leichter zu sehen ist, hat sich als oberer Abschluß des Zaunes bewährt. *Die Verwendung von Stacheldraht verursacht sehr oft schwerste Verletzungen,* man sollte ihn auf keiner von Pferden begangenen Weide verwenden.

Gut verzinkte *Knotengitter in Verbindung mit einem Elektrozaun* dürften eine der sichersten und besten Weidezäune für unsere Ponyweiden sein. Die Holzpfosten (Eiche oder Lärche), aufgestellt in einem Abstand von 4 – 5 m, 170 cm lang, sollten genügend tief in die Erde eingelassen werden; sie sollten mindestens an ihrer unteren Hälfte (über den Erdboden hinaus) gut imprägniert sein. Die Ponys müssen die ersten Tage auf der Weide mehrmals an den geladenen Elektrozaun herangeführt werden, damit sie den notwendigen Respekt vor ihm bekommen. Unter dieser Voraussetzung ist der Elektrozaun auch zur Unterteilung der Weiden ein sehr brauchbares Hilfsmittel.

b Ursachen des Benagens der Holzteile durch die Ponys und Abhilfemaßnahmen

Die hölzernen Teile der Weidezäune, insbesondere die Querstangen, werden, wie auch die Holzteile im Stall, oft von den Ponys durch Benagen zerstört. Die wichtigsten Ursachen hierfür sind:

Unarten, Spielerei gefördert durch Langeweile.

Mineralstoff- und Vitaminmangel. Sofern das Mineralstoffdefizit im Körperhaushalt sehr erheblich ist, muß eine Injektionsbehandlung durch den Tierarzt erfolgen, im allgemeinen genügen vitaminreiche

Futtermittel, Vitamin- und Mineralbeifutter und Lecksteine, Trockengrün, Algenmehl usw.; auf sie ist auch bei Injektionsbehandlung Hauptwert zu legen. Sehr bewährt hat sich das Multivitaminpräparat „Vitacombex" der Fa. Parke-Davis zur peroralen Prophylaxe und zur gezielten Stoßtherapie.

Zu geringe Rauhfuttergaben besonders im Winter. Man sollte gegebenenfalls den Ponys neben dem Heu noch Futterstroh (Hafer- oder Gerstenstroh) verabreichen, um den hohen Bedarf der Ponys an Rohfaser im Futter zu decken.

Der Zahnwechsel und die Zahnhaken. Die Ponys versuchen den Zahnwechsel durch Nagen und Scheuern am Holz zu beschleunigen. In jedem Fall sollte man versuchen, Abhilfe zu schaffen, etwa durch Anstreichen des Holzes mit ungiftigen, schlecht schmeckenden Präparaten, z. B. einem Gemisch von Carbolineum und Holzteer im Verhältnis 10:1, durch vermehrte Arbeit oder Weide, bei Stallhaltung durch häufiges Füttern von Rauhfutter in kleinen Portionen usw.

Holzteile im Stall, die benagt werden, verkleidet man so mit Blech, daß sich das Pony nicht verletzen, aber auch nicht mehr am Holze nagen kann.

Parasitenbefall und Krankheiten

1 Parasiten – Hygiene und Bekämpfung

Die wichtigsten Magen-Darm-Parasiten unserer Ponys sind die Strongyliden, auch Blut- oder Palisadenwürmer genannt, die Ascariden oder Spulwürmer, die Gastrophiluslarven (ein Entwicklungsstadium der Magenbremse), die Zwergfadenwürmer und die Pfriemenschwänze.

a Strongyliden und Ascariden

Man unterscheidet die großen bis 5 cm und die kleinen bis 1 cm langen *Palisadenwürmer.* Sie schädigen bei dem meist massenhaften Auftreten die Ponys dadurch, daß sich der geschlechtsreife Parasit an der Schleimhaut des Dickdarms festsetzt, um sich von dem Blut des Wirtstieres zu ernähren. Der häufige Wechsel der Saugstelle verursacht ausgebreitete Zerstörungen, die die Resorptionsfähigkeit der Schleimhaut herabsetzen. Dazu tritt die häufig recht schwere Schädigung des Wirtstieres durch die Thrombosierung der vorderen Gekrösarterie, die häufig der Grund zu tödlicher, embolisch-thrombotischer Kolik sein kann.

Die bis 40 cm langen *Spulwürmer* leben in ihrer geschlechtlichen Form in großer Zahl im Dünndarm; sie fressen am Darminhalt und schädigen das Wirtstier durch ihre Stoffwechselprodukte. Das Weibchen produziert täglich mehrere 100 000 Eier, die außerordentlich widerstandsfähig sind. Die Bekämpfung ist verhältnismäßig einfach, da die Würmer im Dünndarm leben.

Die direkten und indirekten Verluste, die den Ponybesitzern alljährlich durch den Wurmbefall entstehen, sind sehr groß, obwohl die Ponys gegen die Wurmerkrankungen widerstandsfähiger als die Angehörigen der verschiedenen Großpferderassen sind.

Die Verwurmungen können Abmagerung, Blutarmut, Zurückbleiben der Entwicklung, Vergiftungen, Thrombosen, Durchfälle, Schäden an Leber und Lunge, periodische Augenentzündungen und Sommererkältungen verursachen. Am leichtesten werden junge Ponys in schlechtem Futterzustand befallen, sowie Ponys auf Weiden, die zu klein oder mit Ponys überbesetzt sind.

Das schlechte Aussehen der verwurmten Ponys (Abmagerung, aufgetriebener Leib, Karpfenniere, glanzloses Haarkleid und Auge, mangelnder Appetit) beruht zum Teil auf Mangel an Vitaminen, insbesondere an den Vitaminen A, D und E, die die Würmer in großen Mengen aus dem Vitaminbestand der Ponys entnommen haben. *Zur Wurmbekämpfung sollte deshalb automatisch die Zufütterung von Vitaminen u. a. z. B. in Form von Lebertran und von Mineralstoffen, besonders von Calcium, Magnesium und Phosphor, gehören.*

Es ist unbedingt empfehlenswert, alle Fohlen spätestens im Alter von 3 Monaten einer *Wurmkur* gegen Strongyliden und Ascariden nach Anweisung des Tierarztes zu unterziehen und diese nach 3 – 4 Wochen zu wiederholen. Die nächsten 3 Tage läßt man die Fohlen im Stall, damit die Weide nicht noch stärker verwurmt. Man sorge in diesen Tagen für eine häufige und gründliche Mistaufnahme in den Boxen.

Man sollte zweimal im Jahr, z. B. im Frühjahr vor dem Weidegang und im Herbst beim Aufstallen, eine Kotprobe über den Tierarzt an ein Untersuchungsinstitut einsenden. Dieses stellt Art und Grad der Verwurmung fest. Die Untersuchung kostet nur wenig, sie macht sich vielfach bezahlt.

Die Bekämpfung geschieht durch Behandlung *aller* Ponys mit tierärztlich verordneten Arzneimitteln, z. B. Piperazin gegen Ascariden und Phenothiazin oder mit Thiabenzol oder Equizol gegen Strongyliden. Diese Behandlungen sollten regelmäßig im zeitigen Frühjahr vor dem Austrieb und im Herbst nach dem Aufstallen durchgeführt werden. Unterstützend hilft gleichzeitig die Verfütterung von sauberen roten Mohrrüben im Herbst. Auf Sauberkeit und Trockenheit in den Stallungen ist größter Wert zu legen. Keine der üblichen Wurmkuren erreicht eine völlige Wurmfreiheit, die Zahl der Würmer muß jedoch so niedrig wie möglich gehalten werden.

Jede Wurmbehandlung ist zwecklos, wenn nicht auf die Vorbeuge größter Wert gelegt wird. Dazu gehören folgende Maßnahmen:

Auf der Weide

1. Mutterstuten mit Fohlen und Absetzer gehören nur auf saubere Weiden, die möglichst lange nicht von Pferden beweidet, sondern zur Heugewinnung oder als Rinderweide benutzt wurden.
2. In kleinen, stark besetzten oder fast dauernd benutzten Koppeln oder Ausläufen sollte man mindestens zweimal wöchentlich den Dung ablesen lassen. Ist dieses nicht möglich, dann muß die Weide öfters gewechselt werden. In der Zwischenzeit Auftreiben von Rindern, in deren Verdauungskanal die mit dem Gras aufgenommenen Wurmlarven zugrunde gehen, ohne daß die Rinder geschädigt werden.
   Wichtig ist die Winterruhe der Weiden, in ihr geht ein hoher Prozentsatz der Wurmbrut zugrunde.
3. Auf großen Standweiden erstrebe man eine Gemeinschaft von Pferd und Rind evtl. auch Schafen mit einem möglichst hohen Anteil von Rindern und Schafen am Gesamttierbestand der Weide.
4. Man bevorzuge trockene, gut gekalkte Weiden.
5. Man vermeide eine Düngung der Ponyweiden mit Pferdedung oder Pferdekompost, der nicht mehrere Male umgesetzt wurde und völlig durchgegoren ist.
6. In Gegenden, die unter Wurmplage leiden, ist ein gelegentlicher Mähschnitt der Weiden – möglichst im Tau – mit sofortiger Entfernung des Grases ein für die Wurmbekämpfung wirksames Hilfsmittel.
7. Auf wurmbefallenen Weiden ist ein Austreiben vor dem Abtrocknen des Taues zu vermeiden, da die Larven an den feuchten Grashalmen hochklettern und sich beim Abtrocknen wieder zurückziehen.

Im Stall

1. Man sorge stets für saubere, trockene, in gewissen Abständen desinfizierte Stallungen mit einwandfreier, trockener Einstreu. Feuchtwarme Stallungen und Stallungen mit feuchten Wänden sind ungesund und fördern die Vermehrung der Würmer.
2. Man bevorzuge Acker- oder Wiesenheu von Flächen, die längere Zeit nicht von Pferden beweidet oder mit Pferdemist gedüngt wurden.
3. Zugaben von einem guten Mineralstoff-Vitamin-Zusatzfutter oder von Kalk-Phosphor-Lebertran können dann notwendig sein, wenn

die Futtermittel (besonders das Heu) nicht vollwertig sind. Sehr empfehlenswert sind vor allem im Winter Zugaben von Algenmehl und Trockengrün. Mohrrüben, Rote Rüben sowie ein Kupferleckstein im Stall und auf der Weide sind bewährte Vorbeugungsmittel.

b **Gastrophilus-Larven** (Magendasseln – Biesfliegenlarven)

Die hummelartig aussehenden Biesfliegen umschwärmen, insbesondere auf mit Gebüsch bestandenen Weiden, bei gutem Wetter in den Monaten Juli bis September die Ponys. Sie legen im Fluge deutlich sichtbare ovale, gelbweiße Eier an den Innenseiten der Vorderfußwurzelgelenke, seltener an Hals und Mähne ab.
Aus den Eiern entwickeln sich in 5 Tagen Larven; beim Belecken gelangen diese über die Maulschleimhaut in den Magen des Ponys, an dessen Innenwand und im Dickdarm sie sich festsetzen. Es entstehen Geschwüre, und bei stärkerem Befall Entwicklungsstörungen, Abmagerung und Blutarmut.
Die Larven werden im April und Mai mit dem Kot ausgeschieden, sie verpuppen sich in der Erde, nach 4 bis 6 Wochen schlüpfen die geschlechtsreifen Biesfliegen, die sich nicht ernähren, sondern nur vermehren.

Die therapeutische *Bekämpfung* ist sehr schwierig. Die folgenden Verfahren sind bedeutend einfacher und sicherer. Man untersuche während der Schwarmzeit der Biesfliegen die oben beschriebenen Ablegestellen in etwa achttägigem Abstand auf das Vorhandensein von Eiern der Biesfliege. Die Eier lassen sich durch mehrmaliges fest aufgedrücktes Überstreichen mit der Schneide eines stumpfen Hufmessers entfernen. Die abgefallenen auf einer untergelegten Zeitung gesammelten Eier verbrenne man sofort. Ein anderes ebenfalls mit Erfolg angewandtes Verfahren: Die Ablagestellen werden jeden 2. Tag mit einem in warmes Wasser getauchten Lappen gründlich abgewaschen. Der feuchtwarme Reiz bewirkt das Schlüpfen der Larven, die durch das Abwaschen entfernt werden.

c **Pfriemenschwänze**

Die Pfriemenschwänze sind ca. 15 mm lang und, da sie vom Darminhalt leben, verhältnismäßig harmlos. Die Infektion findet vorwiegend im Stall statt. Die an der Afterrosette sitzenden Eier fallen in die Streu und werden dort aufgenommen, daher besteht in Ständen nur eine geringe Infektionsgefahr.

Bekämpfung nach tierärztlicher Anweisung mit Equizol oder Thiabenzol.

Die für die Parasitenbekämpfung aufgewendeten Opfer an Zeit und Geld werden uns die Ponys durch Gesundheit und gute Entwicklung vielfach danken.

2 Das kranke Pony

Unsere Ponys sind abgehärtete, widerstandsfähige Naturkinder, die verhältnismäßig selten erkranken, zumal wenn sie unter möglichst natürlichen Verhältnissen gehalten werden. Trotzdem sind bei so lebhaften Tieren Unfälle, selbst bei größter Vorsorge, niemals ganz zu vermeiden. Auch von Krankheiten werden unsere Ponys befallen, wenn auch bedeutend seltener als die sogenannten Kulturpferde. Es ist unsere Aufgabe, *jede Erkrankung im Anfangsstadium zu erkennen* und, abgesehen von ganz geringfügigen Fällen, *den Tierarzt frühzeitig zu Rate zu ziehen* sowie die bis zum Eintreffen des Tierarztes notwendige *erste Hilfe zu leisten.*

Dem Pferd fehlt die Sprache und damit die Fähigkeit, uns Art und Sitz seiner Schmerzen zu erklären, um so wichtiger ist die sorgfältige dauernde Beobachtung des Gesundheitszustandes unserer Ponys.
Das gesunde Pony ist lebhaft und aufmerksam, es steht auf allen vier Beinen, es zeigt ungezwungene Bewegungen, hat ein klares offenes Auge und ein lebhaftes Ohrenspiel. Nase, Maul, After, Scheide und Schlauch dürfen keinen Ausfluß, die im Kehlgang liegenden Lymphknoten keine Schwellungen zeigen. Die Schleimhäute sollen eine gesunde blaßrote Färbung haben. Das Haar soll glatt und glänzend sein.

Ebenso wie beim Menschen gibt es auch beim Pony drei Lebensvorgänge, die uns wichtige Aufschlüsse über den Gesundheitszustand geben: die Atmung, der Pulsschlag und die Körpertemperatur.

10 bis 16 *Atemzüge* je Minute sind bei völliger Ruhe normal, sie werden durch die Bewegungen der Nüstern und durch das Erweitern und Verengen der Brust und Bauchhöhle beobachtet bzw. durch Auflegen der Hand auf die Seite des Bauches gezählt.

Wir zählen im Zustand der Ruhe beim gesunden Pony 30 – 44, beim Fohlen bis 60 regelmäßige und kräftige *Pulsschläge* je Minute. Den Puls fühlt man beim Pony, indem Zeige- und Mittelfinger die

Kieferarterie, die an der Innenseite des knöchernen Unterkiefers im Winkel von etwa 45 ° unter dem Auge als ein strohhalmdicker, elastischer Strang zu spüren ist, leicht gegen die Innenfläche des knöchernen Unterkiefers drückt.

Die *Körpertemperatur* mißt man beim Pony im After. Sie beträgt beim gesunden Pony, das ca. eine Stunde in Ruhe war, 37,5 - 38,2 ° C, beim Fohlen zwischen 37,5 - 39,0 ° C. Temperaturen von 38,3 - 39,5 ° bezeichnet man beim ausgewachsenen Pony als leichtes Fieber, von 39,6 - 40,5 ° als mittleres Fieber. Als Thermometer genügt ein gewöhnliches Fieberthermometer, das mit Öl, Vaseline oder Seife gleitend gemacht worden ist. Bevor das Thermometer eingeführt wird, muß die Quecksilbersäule bis an das Ende heruntergeschlagen werden. Bei Ponys, die nicht ruhig stehen oder leicht ausschlagen, läßt man den linken Vorderfuß hochheben. Zum Einführen des Thermometers, was vorsichtig drehend geschieht, stellt man sich auf die linke Seite des Ponys neben die Kruppe, das Gesicht dem Schweif zugewandt. Am Kopf des Thermometers befestige man einen Bindfaden, den man beim Messen festhält, um ein Hineingleiten des Thermometers in den Mastdarm oder ein Herausfallen auf den Stallboden zu verhindern. Man messe drei Minuten und schreibe sich die abgelesene Zahl auf.

Erhöhte Temperatur, beschleunigter Puls und Atem sind Zeichen einer inneren Erkrankung und daher bei jedem Krankheitsverdacht als erstes zu überprüfen, insbesondere bei verändertem Benehmen des Ponys, bei Appetitmangel, Teilnahmslosigkeit, trübem Blick, glanzlosem, rauhem Haar. Andere Ponys sind unruhig, scharren, legen sich hin und stehen auf, schwitzen und stöhnen, andere wieder zeigen Husten, Nasenausfluß und erschwertes Atmen.

Sobald man Anzeichen einer Erkrankung, z. B. eine – wenn auch nur geringe – Temperaturerhöhung, festgestellt hat, bringe man den Patienten in einen mäßig warmen, zugfreien, nach Möglichkeit abgesonderten Stall mit frischer reichlicher Einstreu. Man lege dem Pony eine Decke auf und bandagiere die Beine mit wollenen Bandagen

Abb. 30. Fjord-Hengst "Vendel", einer der Spitzenhengste der hochstehenden Fjordponyzucht im Gebiet Rheinland-Nassau, der sich durch hervorragenden Typ und gute Vererbung auszeichnet.

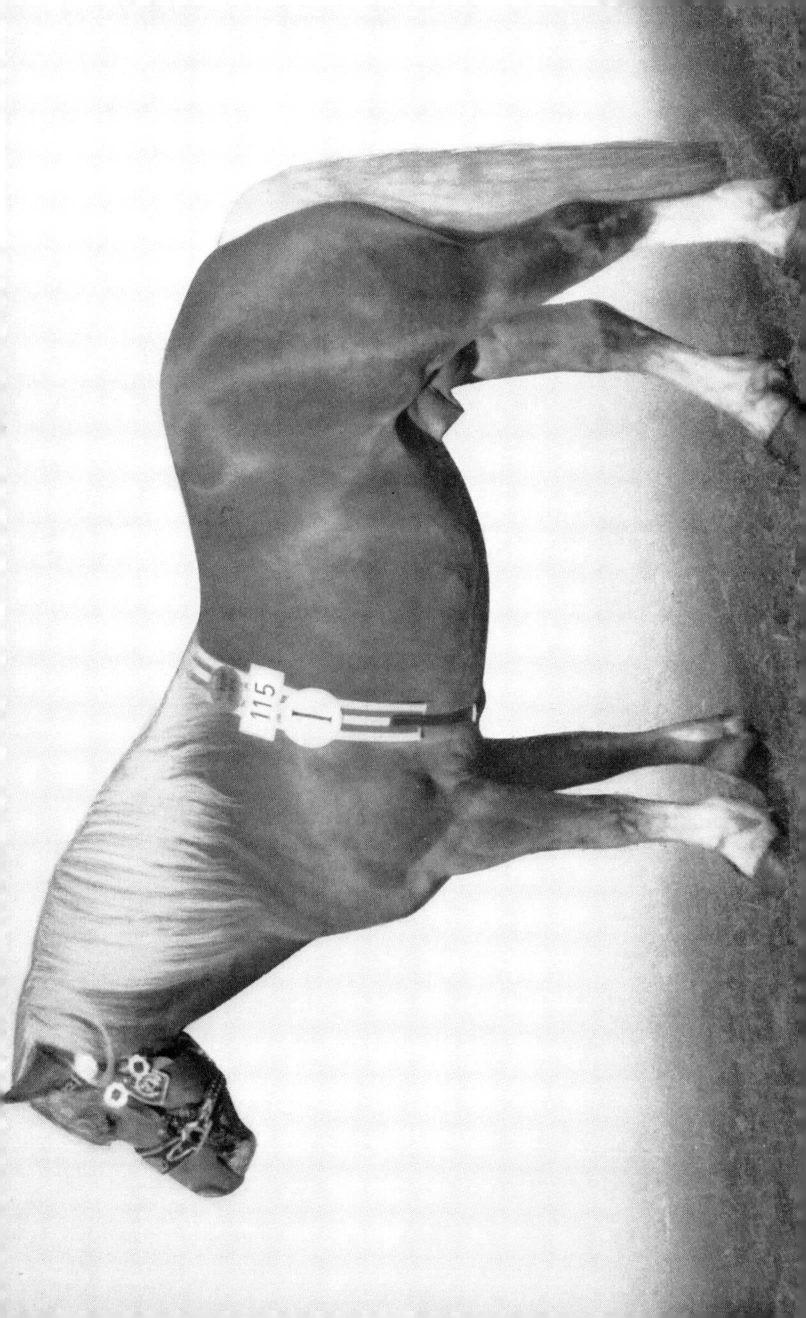
115

oder Prießnitzumschlägen. Als Futter reiche man Weizenkleie mit Wasser angerührt und einem Zusatz von Karlsbader Salz oder Glaubersalz oder man gebe einen Leinsamenmash mit einem hohen Prozentsatz Weizenkleie, Leinsamen und wenig Hafer (gequetscht).

Bei den meisten Erkrankungen der Verdauungsorgane lasse man die Ponys ein bis zwei Tage überhaupt nichts fressen und beginne dann mit etwas Mash.

Kolik

Unter Kolik versteht man Krankheitserscheinungen, deren Ursache die verschiedensten Leiden des Magens, des Darmes oder der Harnorgane sein können. Sie äußern sich in vielfältiger Art, beginnend mit dem Verweigern des Futters, unruhigem Hin- und Herlaufen, Scharren, Umsehen nach dem Bauch, stärkeren Schmerzäußerungen, wie krampfhaftes Anziehen der Bauchdecke, plötzlichem Schweißausbruch, rücksichtslosem Niederwerfen und Wälzen. Beschleunigter Atem und ein schneller, schwacher Puls sind bedenkliche Zeichen.

Ursachen der Kolik können verdorbenes, verschimmeltes Heu, frisches oder verschimmeltes Brot, erhitztes Grünfutter, zu starke Fütterung vor und an Ruhetagen, Überanstrengung, Erkältungen, jäher Futterwechsel oder Wetterumschwung, Gifte, Würmer usw. sein.

Bei jeder Kolik ist die *sofortige Hinzuziehung eines Tierarztes* notwendig, weil man nie weiß, wie schwer das Pony wirklich erkrankt ist; jede verspätete tierärztliche Hilfe kann das Leben des Ponys kosten. Bis zum Eintreffen des Tierarztes führe man das Pony an windgeschützter Stelle mit aufgelegter Decke herum, dann massiere man den Bauch und die Flanken mit zusammengedrehten Strohwischen; Kampferspiritus oder Franzbranntwein erhöhen die Massagewirkung. Anschließend lege man einen Prießnitzumschlag wie folgt an: Ein bis zwei lange Säcke werden in Wasser gelegt, gut ausgewrungen und um den Bauch gelegt. Darüber werden zwei trokkene Wolldecken so um den Leib gelegt, daß sie vorne und hinten mindestens eine Handbreit über dem Umschlag stehen. Sie werden mit zwei Deckengurten befestigt. Zur Vermeidung von Druckschäden werden Strohwische zu beiden Seiten der Wirbelsäule unter die Dek-

Abb. 31. Haflinger-Hengst "Nelson" 90, Siegerhengst DLG 1959.

kengurte gelegt. Wichtig ist, daß bei Hengsten und Wallachen der Schlauch durch die Decken nicht behindert wird. Der Umschlag wird nach 2 – 3 Stunden erneuert. Man sorge außerdem für eine Boxe mit reichlich Einstreu, damit das Pferd sich beim Hinlegen und Wälzen nicht verletzen kann, heftiges Hinwerfen und Wälzen ist zu unterbinden.

Das Eingeben von Medikamenten durch Nase und Maul sollte nur vom Tierarzt vorgenommen werden. Viele Ponys sterben nicht an der Kolik, sondern an einer Einschüttungs-Lungenentzündung, verursacht durch unsachgemäßes Eingeben. Jede Futteraufnahme ist zu verhindern, dagegen ist das Trinken von verschlagenem Wasser erwünscht.

Kreuzschlag

Der Kreuzschlag, auch Schwarze Harnwinde oder Nierenverschlag genannt, ist ein plötzlich auftretender Krampfzustand der Kreuz- und Kruppenmuskulatur, begleitet von Blutharnen und zunehmender Lähmung einer oder beider Hintergliedmaßen. Der Kreuzschlag tritt vorwiegend bei gut genährten Ponys, die reichliche Bewegung gewöhnt sind, nach einer mehrtägigen Ruhepause auf. Eine kohlenhydratreiche Fütterung, plötzliche größere Anstrengung, starke Sonnenbestrahlung und kalte Winde fördern das Auftreten dieser Krankheit.

Die ersten Erscheinungen, meistens schon in der ersten Viertelstunde nach Arbeitsbeginn auftretend, sind steife Bewegungen der Hinterhand besonders beim Antraben, starkes Schwitzen; die Ponys knicken in den Gelenken der Hinterbeine ein und stürzen schließlich zu Boden. Die Muskeln der Kruppe sind bretthart. *Die Ponys sind bei den ersten Anzeichen dieses Leidens sofort auszuspannen oder abzusatteln und gut einzudecken.* Wichtig ist, daß man das Pony in keinem Falle einen weiten Weg führt, sondern ihn in der nächsten Unterkunft abstellt, bzw. ihn bei weiterem Weg bis zum nächsten Stall mit einem Transportwagen transportiert.

Bis zum Eintreffen des Tierarztes ist der Patient gründlich mit Stroh durchzureiben. Die Wirkung der Massage der Kruppenmuskulatur kann man durch Franzbranntwein, Kampferspiritus u. ä. erhöhen. Bleibt das Pony stehen, dann ist bei frühzeitig einsetzender tierärztlicher Behandlung mit ausgiebigem Aderlaß sehr oft mit völliger Heilung zu rechnen.

Eine der Arbeitsleistung angepaßte Fütterung ist der beste Schutz gegen Kreuzschlag. *Bei längerem Stehen eines Ponys im Stall* – sei es wegen Krankheit oder mehrerer Feiertage – *entziehe man den Hafer gänzlich* und ersetze ihn durch Trockengrün in Würfelform vermischt mit Häcksel oder durch eine vermehrte Rauhfuttergabe.

Wundstarrkrampf (Tetanus) (s. auch Seite 78, 79, 80, 83)

Die Starrkrampfinfektionen entstehen durch Wunden, die mit keimhaltiger Erde oder sonstigen Sporenträgern verunreinigt worden sind. Besonders empfänglich für Infektionen sind Stellen unter Luftabschluß, z. B. enge Wunden, Stichwunden, Nageltritte, Vernagelung, Kronentritte, Verletzungen durch Stacheldraht oder durch andere Fremdkörper, Quetschungen, Kastrationswunden usw.

Die ersten Krankheitserscheinungen können von 24 Stunden bis sechs Wochen nach einer Verletzung auftreten, meistens zwischen zwei und drei Wochen. Die Tiere zeigen einen ängstlichen Blick, die Bewegungen werden steif, Kopf und Hals werden gestreckt gehalten, das Kauen und Abschlucken fällt ihnen schwer. Beim Heben des Kopfes fällt das dritte Augenlid vor.

Nur bei sofort einsetzender tierärztlicher Behandlung ist eine völlige Ausheilung möglich. Man halte den Patienten in einem verdunkelten Stall so ruhig wie möglich und verabreiche ihm nur leichtverdauliche Futtermittel, z. B. Grünfutter, Mohrrüben und Mash.

Jeder Ponybesitzer sollte Vorsorge treffen, daß seinem Pony die furchtbaren Leiden dieser schmerzhaften Erkrankung erspart bleiben. Hierzu dient vor allen Dingen die *in den ersten Jahren alljährlich zu wiederholende Schutzimpfung.* Nicht schutzgeimpfte Pferde bedürfen bei jeder neuen Verletzung einer passiven Schutzimpfung. Die Wichtigkeit einer sachgemäßen Behandlung jeder Wunde braucht vor unseren Ponyliebhabern nicht besonders betont zu werden.

Einschuß (Phlegmone)

Neben dem Starrkrampf gehört der Einschuß zu den häufigsten Folgekrankheiten einer Wundinfektion.
Völlig gesunde Pferde bekommen plötzlich Fieber, zeigen Lahmheit eines Hinterbeines, das sie kaum mehr belasten. Dieses ist heiß, sehr druckempfindlich und schwillt in wenigen Stunden erheblich an. Ein mit Watte dick gepolsterter, mehrere Stunden liegender und

in Zwischenräumen wiederholter Umschlag mit Brennspiritus (1/2 Wasser : 1/2 Brennspiritus), dazwischen Einreibungen mit vom Tierarzt zu verordnender desinfizierender Salbe, werden meistens schnelle Genesung bringen, wenn daneben die wichtige Allgemeinbehandlung sofort eingesetzt hat.

Sobald das Fieber und die Schmerzen nachgelassen haben, führe man den Patienten täglich mehrere Male 10–15 Minuten. Das Futter soll leicht verdaulich und abführend sein, z. B. Mash, Mohrrüben usw.

Tollwut

Die Tollwut ist wegen ihrer großen Gefahr für den Menschen besonders zu beachten. Sie wird durch ein Virus hervorgerufen. Unsere Ponys werden durch den Biß tollwutkranker Füchse auf Waldweiden hier und da angesteckt. Die Zeit, in der ein Pony nach der Ansteckung in die Tollwut verfällt, ist sehr verschieden. Es wurden Zeiten von acht Tagen bis zu sieben Monaten nach dem Biß beobachtet, in der Regel sind es vier bis sechs Wochen.

Die befallenen Ponys sind anfangs unruhig, dann aufgeregt, schließlich treten Lähmungserscheinungen auf, z. B. Schluckbeschwerden (Erregungsstadium – Lähmungsstadium). Die Ponys zeigen oft einen starken Juckreiz und versuchen in die Haut zu beißen, andere zeigen kolikartige Erscheinungen, Schlingbeschwerden oder starkes Speicheln.

Bei dem geringsten Verdacht auf Tollwut ist sofort jede Berührung mit den betreffenden Ponys zu vermeiden und umgehend tierärztliche Beratung einzuholen.

Wunden

Viele Verletzungen sind Folgen einer groben Nachlässigkeit und Gleichgültigkeit. Man überzeuge sich laufend, daß an allen Plätzen, an denen sich unsere Ponys bewegen, besonders in den Stallungen, keine Nägel, Haken oder andere Gegenstände hervorstehen, an denen sich die Ponys verletzen können.

Die größte Gefahr aller Wunden sind die Wundinfektionen, insbesondere Starrkrampf und Einschuß (s. oben). Die erste Hilfe bei Wunden erstreckt sich deshalb auf *die Verhütung von Infektionen,* ferner auf die *Blutstillung,* soweit notwendig. Geringe Blutungen sind ungefährlich, sie säubern die Wunden und fördern die Heilung. Die Blutungen stehen bei kleinen Wunden bald von alleine. Oberflächliche Wunden tupfe man mit Alkohol oder Wasserstoffsuperoxyd ab und stäube anschließend ein Wundheilmittel, z. B. Sulfonamidwundpulver, Marfanilpuder, Antibiotika usw., gründlich ein. Auch Jod mit Spiritus gemischt ist ein gutes Behandlungsmittel zur ersten Hilfe, da es die Wunde austrocknet und desinfiziert. In keinem Falle versuche man eine Wunde mechanisch zu reinigen oder auszuwaschen. Jede überflüssige Berührung der Wunde muß zur Vermeidung von Infektionen unterbleiben.

Bei allen größeren, tieferen und gequetschten Wunden sorge man für schnellste tierärztliche Hilfe. Man beschränke sich, sofern keine zu starken Blutungen auftreten, darauf, daß die Tiere bis zum Eintreffen des Tierarztes keine Gelegenheit haben, die Wunden z. B. durch Hinlegen zu verunreinigen. Bei stärkeren Blutungen verwende man Kälte (Eis oder Schnee), zusammenziehende Arzneimittel (Watte in Alaun oder Bleizucker getränkt und auf die Wunde gelegt). Am empfehlenswertesten sind gepolsterte Druckverbände, welche auf die Wunde gedrückt werden (einige Lagen Watte oder Zellstoff, darüber elastische Binden).

Wichtig ist die erste Hilfe bei Verletzungen großer Blutgefäße und der damit verbundenen Gefahr des Verblutens. Eine Schlagader ist verletzt, wenn hellrotes Blut stoßweise aus der verletzten Stelle spritzt; das Abbinden der Ader muß herzwärts von der Wunde geschehen. Dunkelrotes, gleichmäßig strömendes Blut stammt aus Venen; sie werden unterhalb der Wunde abgebunden. Man benutze hierzu einen Gummischlauch, feste Bandagen, notfalls ein Taschentuch oder einen Hosenträger; diese werden nach dem Anlegen an den Enden verknotet und mit einem Stock nach Art einer Bremse zusammengeschnürt. Solche Abbindung soll nicht länger als eine Stunde ohne Unterbrechung beibehalten werden, da sonst Brand eintreten kann.

Die verletzten Ponys müssen in starrkrampfverdächtigen Bezirken gegen Starrkrampf geimpft werden, sofern sie nicht die regelmäßig zu wiederholende Schutzimpfung erhalten haben.

Satteldruck

Ein gut verpaßter und gepflegter Sattel, richtig aufgelegt (siehe Seite 46), Reinlichkeit, eine zweckmäßige, abhärtende Hautpflege und eine regelmäßige Kontrolle der Sattellage können den Satteldruck, zumindest aber seine gefährlichen Folgen, verhindern. Bei Pferden mit empfindlicher Haut benutzt man als Sattelunterlage eine leichte Wolldecke (ein Woilach) oder ein Leinentuch. Filzdecken sind schwieriger zu reinigen und oft von Schweiß, Haaren und Schmutz verklebt.

Jeder Reiter sollte nach jedem Absatteln über die Sattellage streichen, ob irgendeine empfindliche, nasse, warme oder angeschwollene Stelle oder eine Abschürfung der Haare festzustellen ist. Druckstellen am Nacken und am Widerrist können in die unangenehmen und gefährlichen *Nacken- und Widerristfisteln* übergehen; sie verlangen sofortige tierärztliche Behandlung.

Frühzeitig erkannt, ist ein Satteldruck harmlos und leicht zu beheben. Die Behandlung von leichten Druckstellen erfolgt durch Waschungen mit kaltem Essigwasser, Prießnitzumschlägen mit essigsaurer Tonerde und durch Schonung des betreffenden Ponys bis der Druck abgeheilt ist, oder indem man dafür sorgt, daß der Sattel oder das Geschirr an der betreffenden Stelle nicht mehr aufliegen, z. B. durch Filzunterlagen, Umnähen mit Filz oder Lammfell usw.

Bei jungen Ponys oder vor größeren Leistungen wird die Haut der Ponys durch Waschungen mit kaltem Essigwasser abgehärtet.

Kronen- und Ballentritte

Sie werden ebenfalls nicht mit Wasser gereinigt, sondern mit Alkohol oder mit einem in Spiritus und Rivanol o. ä. getränkten Wattebausch, mit Jod bepinselt oder mit einem guten desinfizierenden Wundpuder bestreut. Bei schweren Verletzungen übergebe man die Behandlung einem Tierarzt, der über die Notwendigkeit einer Tetanusspritze entscheiden wird.

Druse

Die Druse ist ein bei Pferden auftretender fieberhafter Katarrh der oberen Luftwege mit sekundär auftretenden eitrigen Entzündungen der Lymphknoten im Kehlgang. Als Folge können u. a. Lungenentzündungen und Gelenkeiterungen, Kehlkopfpfeifen, Dämpfigkeit und Herzfehler auftreten, insbesondere wenn die Tiere zu früh wieder gearbeitet und angestrengt werden.

Ein eitriger beiderseitiger Nasenausfluß, Schwellung der Kehlgangslymphknoten – sie sind anfangs hart und empfindlich –, mangelnder Appetit, Trägheit und Fieber sind wichtige Anzeichen der Druseerkrankung. Sie wird durch verschiedene Erreger verursacht, u. a. durch das Druse-Virus, den *Streptococcus equi* und den Diphtherie-Bazillus.

Die erkrankten Tiere sollten sofort der tierärztlichen Behandlung zugeführt werden. Sie erhalten *leicht verdauliches Futter,* z. B. Kleieschlappfutter, frisches Grünfutter, Mohrrüben, gutes Heu. In schweren Fällen haben sich am Tage Leinsamen – oder alle zwei bis drei Stunden zu erneuernde Prießnitzumschläge bewährt. Wichtig ist möglichst *viel frische Luft,* d. h. bei gutem Wetter Freiluftaufenthalt bzw. gute Lüftung im Stall. Die Tiere dürfen keinesfalls gearbeitet werden, bevor sie nicht einige Tage fieberfrei sind.

Verschlag (die Rehe)

Der Verschlag ist eine in Sonderheit an den Vorderhufen plötzlich auftretende Erkrankung der Huflederhaut, die zu schwerer Bewegungsstörung führt.

Das Leiden tritt oft nach Überanstrengungen auf, insbesondere nach Ruhetagen, nach Traben auf hartem, gefrorenem, unebenem Boden, nach Erkältungen, fehlerhaftem Beschlag oder durch zu schwer verdauliches Futter, wie z. B. Roggen, aber auch als sog. Geburtsrehe kurz nach der Geburt, vor allem, wenn sich die Nachgeburt nicht innerhalb weniger Stunden gelöst hat.
Stallruhe und sofortige tierärztliche Behandlung, ein ausgiebiger Aderlaß, sofortiger Entzug des Wassers, Diätfutter und Einpacken der Hufe in feuchten Lehm sind wichtige Maßnahmen, durch die eine bleibende Schädigung in Form einer Hufverbildung verhütet werden kann.

Mauke

Die Mauke ist eine Hautentzündung in der Fesselbeuge. Sie entsteht durch die verschiedensten Ursachen, z. B. Nässe, Schmutz, Verletzungen bei dem meist unsinnigen Ausscheren der Fesselhaare, durch Kettenhang, gewisse Futtermittel usw. Auch eine erbliche Anlage für die Mauke kann vorhanden sein.
Die Behandlung erfolgt durch Rein- und Trockenhaltung der Fesseln, die man mit einem in Brennspiritus getauchten sauberen

Lappen gründlich säubert, unter anschließender Verwendung austrocknender Mittel. Daneben achte man auf eine leicht verdauliche diätetische Fütterung.

Strahlfäule

Es handelt sich um eine Zerstörung des Hornstrahles durch Fäulnis. Das Horn wird schmierig, schwärzlich, übelriechend und zerklüftet. Die Fäulnis beginnt meistens in der mittleren Strahlfurche und zerstört allmählich den ganzen Strahl; als Folge entsteht sehr oft ein Zwanghuf.

Die Ursache für das Entstehen der Strahlfäule liegt häufig in schlechter Streu, nassem Stallboden, zu starkem Ausschneiden des Strahls, zu hohen Trachten oder in ungenügender Bewegung. Die Behandlung erfolgt nach Beseitigung der Ursachen (schlechte Streu und mangelnde bzw. fehlerhafte Hufpflege) durch Entfernung der fauligen und mürben Hornteile und Austrocknen des täglich gereinigten Strahles mit antiseptischen Mitteln: Ausstopfen der Strahlfurchen und aller Spalten unter Verwendung austrocknender desinfizierender Mittel, wie Jodtinktur, Holzkohle, Blaustein usw. Ein Bepinseln mit Holzteer darf erst nach der Ausheilung erfolgen.

Steingallen

Steingallen sind Quetschungen der Huflederhaut im Bereich der Hufsohle, vornehmlich in den Sohlenwinkeln, wobei es zu Blutungen und Entzündungen der gequetschten Huflederhaut kommen kann. Die Ursachen liegen in unsachgemäßem Beschlag (langes Liegenlassen der Hufeisen, zu starkes Ausschneiden der Sohlen usw.). Die Behandlung erfolgt durch Abstellung der Ursachen. In ernsteren Fällen ziehe man zeitig genug den Tierarzt zu Rate.

Hufgeschwür

Die Ponys gehen plötzlich lahm. Der Sitz des Geschwürs wird mit einer Hufuntersuchungszange festgestellt. An der erkrankten Stelle ist das Horn meist dunkler gefärbt. Durch Nachschneiden mit dem Hufmesser wird dem Eiter Abfluß verschafft, der Schmerz läßt augenblicklich nach, die Lahmheit verschwindet. Der Huf wird anschließend in lauwarmer, desinfizierender Flüssigkeit gebadet. Die Heilung erfolgt meist schnell und ohne Komplikationen.

Nageltritt

Unter Nageltritt versteht man alle Verletzungen, die durch das Eindringen von spitzen oder scharfen Fremdkörpern, besonders von Nägeln, durch die untere hornige Huffläche in die Weichteile entstehen.

Die verletzten Ponys gehen sofort lahm, sie belasten den betreffenden Huf nur mit der Zehe. Die Gefährlichkeit des Nageltritts hängt von der Tiefe des Eindringens des Nagels und von der Verunreinigung der Wunde ab. Der Nagel ist sofort langsam und vorsichtig in derselben Richtung herauszuziehen, in der er eingedrungen ist. Man muß am Nagel, den man dem behandelnden Tierarzt vorlegen sollte, genau markieren, wie tief er eingedrungen war. Die Wunde ist so zu verstopfen, daß keine weitere Verunreinigung erfolgen kann und möglichst bald zu desinfizieren. Das verletzte Tier muß, selbst wenn der Nageltritt völlig harmlos aussieht, unverzüglich von einem Tierarzt behandelt werden, weil *jeder Nageltritt lebensgefährlich* sein kann (Starrkrampfgefahr!).

Vernagelung

Sie entsteht dadurch, daß beim Beschlagen ein Hufnagel Fleischteile des Hufes drückt oder verletzt. Bei der eigentlichen Vernagelung sticht der Nagel direkt in die Fleischteile, die Pferde zucken beim Einschlagen des Nagels. Der Nagel muß sofort wieder herausgezogen werden, an der betreffenden Stelle darf kein neuer Nagel eingeschlagen werden. Bei auftretender Lahmheit ist sofort der Tierarzt heranzuziehen.

Drückt der Nagel nur gegen die Fleischwand, so entsteht eine mit Lahmheit verbundene Entzündung erst nach einigen Tagen bzw. Wochen. Der Sitz der Vernagelung wird mit der Hufzange festgestellt. Das Eisen wird vorsichtig abgenommen und der Nagelkanal ausgeschnitten und desinfiziert. Ist die Lahmheit nach einigen Tagen nicht verschwunden, so ist eine tierärztliche Untersuchung notwendig (Starrkrampfgefahr!).

Knochenhautentzündung, Überbeine

Die Knochenhautentzündung ist meist mit Lahmheit verbunden. Sie wird gekennzeichnet durch eine warme, druckempfindliche Stelle und entsteht an der inneren und äußeren Seite der Mittelfußknochen durch Schlag, Stoß oder Überanstrengung.

Bei längerer Einwirkung der genannten Ursachen können Überbeine entstehen. Behandlung der Knochenhautentzündung und frischer Überbeine mit Antiphlogestine und anschließender Anwendung von Jodvasogen hat sich bewährt.

Gallen

Sie sind meistens die Folgen einer chronischen Entzündung des Gelenks bzw. der Sehnenscheiden. Sie sind anfangs weiche, später harte, mit Flüssigkeit angefüllte Schwellungen. Die Behandlung ist langwierig. Empfehlenswert sind Umschläge mit Antiphlogestine, später Einreibung mit Jodvasogen.

Zahnfehler (Haken)

„Haken" sind scharfe Ränder an der Innenseite der Backenzähne des Unterkiefers und an dem Außenrand der Backenzähne des Oberkiefers als eine Folge mangelnder Kauarbeit durch zu viel zerkleinertes Futter bzw. durch zu kurze Futterzeiten. Die Folge sind Verletzungen der Backen- und Zungenschleimhäute, langsames ungenügendes Kauen der Nahrung, Verdauungsstörungen, Kolik und Abmagerung. Der Tierarzt kann durch Abraspeln oder Abschleifen diese Störung beseitigen.

Diese Zahnschäden können weitgehend dadurch verhütet werden, daß man den Ponys nicht zu stark zerkleinertes Futter (Strohhäcksel zweifingerbreit) und die notwendige Zeit zum gründlichen, ungestörten Kauen des Futters gibt.

Sommerekzeme

Die Sommerekzeme können bei allen Pferden auftreten, doch scheinen gerade die Angehörigen einiger primitiver Ponyrassen besonders häufig von dieser unangenehmen und hartnäckigen Hautkrankheit befallen zu werden. Die beiden Voraussetzungen für den Ausbruch der Sommerekzeme sind:

eine individuelle Disposition des Ponys

bestimmte, die Krankheit auslösende Umwelteinflüsse.

Das Ekzem tritt im Sommer auf und verschwindet entweder im Herbst oder nach strikt durchgeführter Aufstallung (daher Vorsicht bei Ankäufen im Herbst oder Winter).

Die mehr oder weniger stark juckenden Bläschen treten zuerst am Mähnenkamm und am Schweif auf, sie breiten sich allmählich immer weiter aus. Durch das Scheuern entstehen sekundäre Infektionen mit Eiterungen. Die Auffassungen über die Ursache und Behandlung sind sehr unterschiedlich. Als Ursache werden Fütterungsfehler, Mangelerscheinungen, Insektenstiche u. a. m. angegeben, die eine Allergie in Form des Sommerekzems auslösen. *Wichtig ist, daß Aufstallung und tierärztliche Behandlung sofort bei Feststellung der ersten Anzeichen dieser Erkrankung erfolgen.*

Unter den zahlreichen Heilmitteln werden neben einer tierärztlichen antiallergischen Behandlung im akuten Stadium zur Hautbehandlung u. a. empfohlen:

Furacin Sol (Boehringer–Ingelheim), wirksam gegen Eiterungen
Escofuron-Salbe
Wiener Teerliniment
Killitch, das nach Angaben der „Pony-Post" sich besonders bewährt haben soll.

Verfasser hatte befriedigende Erfolge mit:

Neguvon (Bayer-Leverkusen)
Jelvet (Wirtschaftsgenossenschaft Deutscher Tierärzte e. G. m. b. H. Hannover)
Pixaterra, wasserlösliches 30 % Teer-Therapogen (Therapogen Werk Köln-Braunsfeld).

Es wird jedoch dringend geraten, die Behandlung individuell nach tierärztlicher Beratung durchzuführen, da die Ursachen und damit die Art der Behandlung zu verschieden sind.

Die Rassen

1 Das Fjord-Pony

(Abb. 3, Seite 18; Abb. 30, Seite 73; Abb. 50, Seite 139)

Das Fjordpony, auch Westlandpferd genannt, ist an der norwegischen Westküste beheimatet. Es gehört zu den ältesten Pferderassen Europas. Seine Herkunft ist nicht völlig geklärt. Sicher ist, daß es in enger Verwandtschaft zu den Przewalskipferden und zum ausgestorbenen Tarpan steht, denen es im Exterieur durch die charakteristische Wildfarbe ähnlich ist. Man vermutet, daß es in alter Zeit die einzige Pferderasse in Norwegen war.

Es war jedoch selten größer als 125 cm Stockmaß. Die staatlichen Stellen glaubten deshalb um die Mitte des vorigen Jahrhunderts das Fjordpferd verstärken zu müssen. Sie versuchten dies durch Aufstellung einiger Hengste des schwereren und derberen, meist dunkelfarbigen Ostlandpferdes, auch Döllpferd genannt, zu erreichen. Die Nachteile dieser Kreuzungszucht waren sehr bald deutlich sichtbar.

Es war die Rettung des Fjordpferdes, daß es damals Männer gab, die den Gedanken der Reinzucht energisch vertraten. Die Verbesserung des Fjordpferdes wird seitdem nach einer scharfen Rassebereinigung zielstrebig und erfolgreich vorwärtsgetrieben.

Die ersten Ausstellungen, die der Beginn für die Einführung eines ausgedehnten Prämiierungssystems waren, sowie die Einrichtung der Zuchtbuchführung erfolgten 1864 mit staatlicher Unterstützung. Das erste Stammbuch für Fjordhengste, die zwischen 1857 und 1904 geboren waren, wurde 1904 veröffentlicht. Das Zuchtgebiet Norwegens erstreckt sich entlang der Westküste von der südlichen Provinz Telemark bis zur Finnmark im hohen Norden. Das eigentliche Hochzuchtgebiet beschränkt sich jedoch auf die im Südwesten des Landes gelegenen vier Provinzen Rogaland, Hordaland, Sognog Fjordane und Möre og Romsdal. Diese Gebiete stehen unter dem Einfluß des Golfstromes. Als Arbeitspferd ist das Fjordpony über das ganze Land verbreitet.

Das Fjordpony sollte man genauso wie den Isländer und andere Primitivrassen nicht nach den in der Großpferdezucht gebräuchlichen Grundsätzen beurteilen. Man wird nur dann nutzbringend und erfolgreich richten, wenn man wirklich nach *Leistungsmerkmalen* urteilt und nicht nach Schönheitsbegriffen im Sinne der herkömmlichen Exterieurbeurteilung.

Ausschlaggebend für die Einschätzung des Fjordponys ist der Kopf. Er muß ausdrucksvoll und trocken sein, er muß beim Zuchttier einen ausgeprägten Geschlechtstyp zeigen. Schwere Köpfe sind oft ein Zeichen mangelnder Energie und Klugheit, sie stellen besonders für Zuchttiere eine starke Wertminderung dar. Das klare, dunkle Auge muß groß und freiliegend sein. In ihm sollen sich Freundlichkeit und Vertrauen, Energie und Temperament widerspiegeln. Die flache Stirn, ein eingesattelter Nasenrücken und weite Nüstern mit einer hellen Färbung um das Maul geben dem Kopf des Fjordponys sein besonderes Gepräge. Die Ohren sollen klein, rund und weitgestellt, d. h. ziemlich tief angesetzt sein. Der verhältnismäßig kurze, kräftige Hals darf, da er das Pferd ausbalanciert, besonders bei Verwendung im Gebirge, nicht zu kurz sein.

Die Schulter soll möglichst schräg, der Oberarm mehr vertikal als horizontal, der Unterarm im Verhältnis zum Vordermittelfuß möglichst lang sein, weil damit eine wichtige Voraussetzung für freie Bewegungen erfüllt wird. Die Fesseln sollen elastisch und nicht zu kurz sein. Die Erfahrungen des norwegischen Heeres haben einwandfrei bestätigt, daß Fjordponys mit kurzem Rücken in der Arbeit schneller ermüden. Es ist deshalb eine *gewisse Länge* erwünscht, obgleich die Oberlinie bei etwas längerem Rücken durch den wenig ausgeprägten Widerrist leicht etwas matt wirkt.

Lende und Nierenpartie müssen gut geschlossen und bemuskelt sein. Die Kruppe soll nicht zu gerade sein.

Gerade Sprunggelenke sind ein Fehler, sie sind besonders nachteilig für die Arbeit im Gebirge. Die oft zu findende Kuhhessigkeit ist zwar ein Schönheitsfehler, aber keinesfalls ein Gebrauchsmangel, ebensowenig wie eine leicht zehenweite Stellung, wogegen die zehenenge Stellung sich in der Arbeit nachteilig auswirkt.

Das Fjordpony soll ein Pony bleiben. Eine übertriebene Breite besonders der Kruppe ist untypisch und erschwert das Ausbalancieren im Gebirge. Unharmonisch wirkt beim Fjordpony auch ein zu starkes Röhrbein, dessen Maße keinesfalls Leistungen oder Qualität bedingen, die in erster Linie von der Konstitution, der Energie und dem Temperament abhängen.

Die Fjordponys sind Falben mit Aalstrich und häufig dunklen Querbinden an den Beinen, diese weisen auf die Abstammung vom Wildpferd hin. Es muß ausdrücklich betont werden, daß Falbfarbe, Aalstrich und Querbinden keinesfalls ein Zeichen von Reinrassigkeit sind. Wir finden sie bei fast allen Kreuzungstieren, wobei Aalstrich und Querbinden oft besonders klar hervortretend gezeichnet sind.

Wir unterscheiden folgende *Falbfarben:*

1. *braunfalb* mit den Unterscheidungen hellbraunfalb, braunfalb und dunkelbraunfalb. Die Mähne ist bei den Braunfalben in der Mitte schwarz und an beiden Seiten weiß. Die Hellbraunfalben sind als Zuchttiere besonders beliebt.
2. *rotfalb* mit denselben Unterscheidungen. Sie haben nur einen schwach sichtbaren Aalstrich und eine rötlichgraue Färbung in Mähne und Schweif.
3. *hellfalb,* ohne besondere Unterscheidungen. Helle Körperfarbe im Ton frischer Schafwolle mit schwarzem Aalstrich.
4. *gelbfalb,* ohne Unterscheidungen. Sie gleichen in der Körperfarbe den Hellfalben, in der Färbung der Abzeichen den Rotfalben.
5. *graufalb.* Die graufalbe Farbe erstreckt sich vom hellen Silbergrau bis zum dunklen Schiefergrau. Graufalben gelten in Norwegen als besonders hart und leistungsfähig.
6. *weiß,* gleichmäßig weiß am ganzen Körper mit schwach gelblichem Aalstrich.

Weiße Abzeichen sind nicht erwünscht; sie sind angeblich ein Hinweis auf Einkreuzung fremder Rassen. Trotzdem sollte man auch für die Zucht einen kleinen Stern oder eine Schnippe nicht als schwerwiegenden Fehler bei einem sonst im Typ reinen Pony werten.

Die *Durchschnittsgröße* des Fjordponys beträgt ca. 139 cm Stockmaß. Die Fjordponys sind nach dem 2. Weltkrieg von den nord- und westdeutschen Zuchtverbänden in großer Zahl eingeführt worden. Diese haben es verstanden, dank vorbildlich zielbewußter, disziplinierter

Zuchtarbeit in vielen Gebieten West- und Norddeutschlands beste Zuchten des Fjordponys zu begründen. Sie liefern Ponys, die sich durch ihre hervorragenden Eigenschaften, d. h. ihre Leistungsfähigkeit, ihre Genügsamkeit, ihr gutes Temperament, ihre Trittsicherheit und ihre angenehmen Bewegungen in der Landwirtschaft und im Weinbau, als Reitponys für Erwachsene und Kinder vorzüglich bewährt haben.

2 Der Haflinger (Abb. 31, Seite 74)

Die Heimat des Haflingers ist die Südtiroler Bergwelt, im engeren Sinn das Hochland des Etschtales. *Er ist ein durch zielbewußte Zuchtauslese und harte Umwelt geformter Typ.* Er ist entstanden aus einem Landschlag, gekreuzt mit Norikern und Arabern, unter denen der 1868 geborene Hengst 133 "El Bedavi XXII" über seinen Sohn 249 "Folie" als Linienbegründer (14 "Folie I" und 252/233 "Hafling") der Stammvater aller in Südtirol, Österreich und Bayern verwendeten Haflingerhengste von besonderer Bedeutung ist.

Der Aufbau der Haflingerzucht in Bayern begann im Jahre 1935/36. Der Staat wollte den Berg- und Almbauern ein vielseitig verwendbares, anspruchsloses, zähes kleines Bergpferd geben, wie es die Berg- und Almbauernwirtschaft sowie die Wehrmacht als Tragtier benötigte.

Das Zuchtziel fordert ein tiefes, gut geripptes, formschönes Bergpferd mit trockenen Gelenken und guten Gängen, das als Tragtier, im Zuge und unter dem Reiter verwendet werden kann. Seine Größe schwankt zwischen 134–140 cm Stockmaß, der Röhrbeinumfang ist 18–20 cm, das Gewicht liegt zwischen $7^1/_2$ und 9 Ztr.

Der Haflinger hat einen kurzen, breiten ausdrucksvollen Kopf mit lebhaften großen Augen und kleinen beweglichen Ohren. Die großen, feinen Nüstern und der beliebte leichte Eindruck im Nasenrücken deuten auf den arabischen Blutanteil. Der Hals ist lang und gut angesetzt, der Widerrist – wie bei allen Tragpferden – wenig markiert, der Rücken breit und nicht allzu straff, die Lende gut geschlossen, breit und kurz. Die Kruppe ist gut bemuskelt, meist gespalten, oft leicht abgezogen. Das Fundament soll trocken, klar und nicht zu fein sein. Die Vorderbeine sind oft etwas zehenweit gestellt, die Hinterbeine in Anpassung an das bergige Gelände recht gewinkelt. Der Gang soll korrekt und raumgreifend sein.

Die typische Farbe ist die Fuchsfarbe, besonders beliebt sind Hellfüchse mit dunklem Aalstrich und weißem Langhaar.

Eine wesentliche Voraussetzung für eine erfolgreiche Aufzucht des Haflingers ist die Alpung in Höhen von 2000 bis 2600 m. Der Haflinger ist ein erbgesundes, fruchtbares, kleines Pferd, ein Bergpferd mit anständigem Charakter, er ist anspruchslos, zäh und trittsicher. Er ist nicht nur ein sehr geschätztes Wirtschaftspferd für viele süddeutsche landwirtschaftliche Betriebe, sondern auch ein gutmütiges, bequemes, trittsicheres Reitpony für Erwachsene und Kinder.

Kreuzungen mit Arabern scheinen durch den Blutanschluß besonders harmonische kleine Pferde zu bringen, die nach guter Ausbildung schöne Kinderreitpferde für höhere Ansprüche sind.

Die drei Haflinger Zuchtgenossenschaften in Bayern sind Oberbayern-Oberland, Sitz München, Chiemgau, Sitz Traunstein, und Oberallgäu, Sitz Immenstadt.

3 Der Isländer (Abb. 2, Seite 18)

Die ersten Siedler sollen vor einigen tausend Jahren Pferde aus den skandinavischen Ländern und aus Großbritannien nach Island eingeführt haben. Der Isländer soll aus einer Kreuzung zwischen *Equus celticus* und *Equus skandinavicus* entstanden sein.

In den letzten achthundert Jahren sind nach Island keine fremden Pferde oder Ponys gebracht worden. Andererseits haben Kälte und Futtermangel eine unerbittliche natürliche Zuchtwahl betrieben; so verendeten in den Jahren 1872–1884 nahezu 70 % des Ponybestandes.

Eine planmäßige Förderung der Zucht findet erst seit Beginn dieses Jahrhunderts statt.

Es gibt in Island ca. 40 000 Ponys, von denen etwa die Hälfte eingebrochen[1] sind, die andere Hälfte sind Stuten und Fohlen, die

[1] Einbrechen = Einreiten, ein aus den angelsächsischen Ländern übernommenes Wort, in Abwandlung von „break“, Beginn eines neuen Lebensabschnittes.

Abb. 32. New-Forest-Hengst "Nigger Step" 491, englischer Championatshengst für Reitponys.

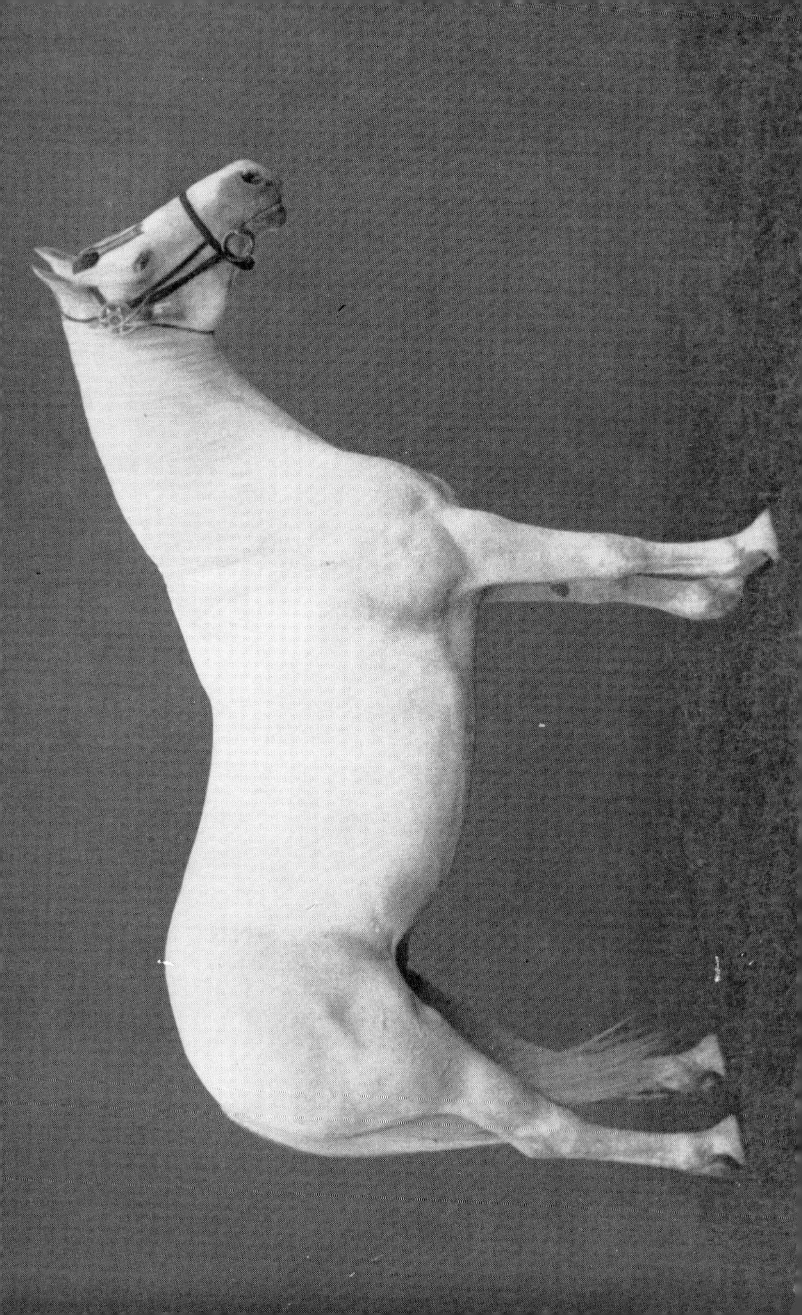

ganzjährig im Freien leben und selbst in strengen Wintern meistens nur im Freien gefüttert werden.

Das Islandpony ist ein typisches primitives Naturpferd, bei dem die Leistung und nicht das Gebäude im Vordergrund steht. Es zeigt die von uns hoch geschätzten Ponymerkmale, die keinesfalls dem Idealbild des Großpferdebeurteilers entsprechen – es hat einen verhältnismäßig schweren Kopf mit meist kurzem, aber gut getragenem Hals, kompaktem langem Körper mit kurzem Rücken. Die gut bemuskelte kräftige Kruppe ist abfallend und ein wenig keilförmig. Das Fundament ist sehr kräftig, die Hufe sind meistens hart und gut geformt.

Zehenweite Stellung der Vorderbeine und kuhhessige Stellung der Hinterbeine werden – wie bei fast allen Naturponys – als rassetypisch und damit nicht als Fehler betrachtet.

Das heute in Island bevorzugte Pony hat eine Größe von 131 cm Stockmaß mit einem Röhrbeinumfang von 17 cm, es soll sich durch Adel, Trockenheit, Härte und Genügsamkeit auszeichnen.

Islandponys gibt es in vielen Farben, ungefähr 30 % sind Füchse, 20 % Braune und 20 % Rappen. Es gibt ferner u. a. Gelbe und Mausgraue mit und ohne Aalstrich. Weiße Abzeichen am Kopf sind häufig, an den Beinen jedoch selten.

Ziel der Zucht ist eine dreigliedrige Verwendungsmöglichkeit:

1. als Trag- und Zugpony
2. als Reitpony
3. als Schlachtpony.

Zugpferde werden durch die auch in Island schnell fortgeschrittene Motorisierung kaum mehr benötigt.

Wie alle Primitivrassen ist das Islandpony entsprechend seiner extensiven Haltung in seiner gesamten Entwicklung *sehr spätreif.* Die Ponys sollten keinesfalls vor dem 4. Lebensjahr vorsichtig angespannt, eingeritten oder zur Zucht benutzt werden. Als Reitpony unterscheidet sich der Isländer von den anderen Reitponys durch seine Fünfgängigkeit. *Ein guter Isländer soll neben den drei Grund-*

Abb. 33. Connemara-Schimmelstute "Snowdrop", Siegerstute auf den größten englischen Schauen.

gangarten Schritt, Trab und Galopp wenigstens eine der beiden Gangarten Paß oder Tölt beherrschen, wobei dem Tölt eindeutig der Vorzug zu geben ist. Der Tölt ist – wie die exakten Untersuchungen von Ursula Bruns (Pony-Post 1963/12) ergeben haben – eine eigenständige korrekte, genau zu definierende Gangart im Viertakt. Bei ihm übernimmt somit jeder Fuß für den Bruchteil einer Sekunde alleine das volle Gewicht, um es sofort an den nächsten weiterzugeben. Es sind zum Vergleich: der Schritt im Viertakt, der Trab im Zweitakt (diagonal), der Paß im Zweitakt (gleichzeitig), der Galopp im Dreitakt.

In diesem Zusammenhang sind die Bestrebungen des Deutschen Pony-Klubs wichtig, dem Isländer die Eigenschaften zu erhalten, die ihm als Reitpony auch bei uns viele Freunde erworben haben. Das sind im wesentlichen: Ausdauer und Genügsamkeit, Winterfestigkeit und der Tölt.

4 Der Dülmener und Nordkirchener (Abb. 44, Seite 128)

Der Herzog von Croy unterhält im Merfelder Bruch (12 km westlich der Stadt Dülmen) in einer eingefriedigten Wildbahn von 200 ha eine Herde von etwa 100 Stuten. Bereits im Jahre 1316 wurde den Herren von Merfeld neben den Fischerei- und Jagdgerechtsamen das Recht an den wilden Pferden im Merfelder Bruch zugestanden.

Die Ponys erhalten nur in der strengen Winterszeit ein Zufutter in Form von Heu, sonst ernähren sie sich von dem durch Pflege und Düngung geförderten Bewuchs der Weide-, Bruch- und Heideflächen. Diese Ponys sind selbstverständlich keine Wildpferde im zoologischen Sinne, sie werden richtiger als *Primitivponys* oder *Wildbahnponys* bezeichnet. Die drei wichtigsten Linien sind:

1. die Mausgrauen mit Aalstrich und Wildstreifen an den Vorderbeinen; sie sollen Tarpanblut führen;
2. die Dunkelbraunen mit hellem Maul, sie sind dem englischen Exmoor-Pony ähnlich;
3. die Gelbbraunen und Falben, ebenfalls mit den genannten Wildpferdmerkmalen, sie sollen Przewalskiblut führen.

Daneben gibt es zahlreiche Übergänge und Mischungen zwischen den verschiedenen Linien, so daß es alle Farben gibt, ausgenommen Schimmel. Ihre Größe liegt zwischen 120 und 135 cm Stockmaß.

Die in der Herde verwendeten Hengste stammen vorwiegend aus England, aber auch aus Polen, wie z. B. der polnische Konikhengst "Kurs".

Jeweils im Mai werden die Jährlingshengste aus der Herde herausgefangen und verkauft. Dieses Ereignis ist ein großes Volksfest in der dortigen Gegend, zu dem zahlreiche Schaulustige von nah und fern kommen.

Der Herzog von Arenberg betreibt seit 1930 in Nordkirchen bei Münster eine Zucht, die auf einer Paarung von Dülmener Hengsten mit Panjestuten beruht.

Unter den Dülmenern und Nordkirchenern finden wir heute ansprechende, sehr elegante Kinderreitpferde mit ausdrucksvollen Köpfen, guter Halsung, harmonischem Körperbau und guten Gängen.

5 Das New-Forest-Pony (Abb. 32, Seite 91)

Der New Forest ist zwischen Southampton und dem Fluß Avon gelegen. Er umfaßt ein im Staatsbesitz befindliches Gelände von ca. 60 000 acres, von denen ca. 44 000 von Ponys und Rindern beweidet werden. Über den Ursprung und die Geschichte dieser Ponys ist wenig bekannt. Sie stammen wie alle anderen englischen Ponys und die warmblütigen Pferde von den alten, schon in vorgeschichtlicher Zeit in England beheimateten Ponys ab, die die Quelle ihrer Kraft, Klugheit, Härte und Gesundheit sind. Der New Forest war stets königliches Jagdrevier, die Anwohner hatten als Entschädigung für den Wildschaden das Recht auf Gemeinschaftsweide. 1877 erhielten die Vertreter der Bauern u. a. die Kontrolle über alle im Forest lebenden Hengste.

Die Gesellschaft zur Förderung der Zucht des New-Forest-Ponys wurde am 10. Februar 1891 gegründet. Es war der eigentliche Anfang einer planmäßigen Förderung der Zucht, abgesehen von der Benutzung des arabischen Schimmelhengstes "Zorak", der von 1852 – 1860 in New Park aufgestellt war. Er war von der Königin geliehen, sein Wirken ist noch heute an den bei vielen Ponys zu Tage tretenden arabischen Merkmalen zu sehen.

In den Jahren um 1893 wurden zahlreiche Ponyhengste entfernt verwandter Rassen benutzt, z. B. Welsh, Dartmoor, Exmoor, Highlands usw. Trotzdem setzte sich sehr bald durch die formende Kraft der Natur – die Umwelt – der in diese Verhältnisse am besten passende Typ durch.

Im Jahre 1906 wurde die „Burley & District New Forest Pony and Cattle Society" gegründet. Ihre wichtigste Aufgabe war die alljährliche Durchführung einer Stuten- und Nachzuchtschau, verbunden mit Reit- und Fahrkonkurrenzen und einem Rennen, sowie die Herausgabe eines Stutbuches seit 1910.
Im Jahre 1949 schätzte man die Zahl der Ponys, die ganzjährig in den Forests liefen, auf 1000, die 1958 nur im Sommer weideten auf 300.
Im Jahre 1938 wurden die beiden bestehenden Organisationen zur „The New Forest Pony Breeding and Cattle Society" vereinigt. Sie veranstaltet neben der Hengstschau und der oben erwähnten, im August stattfindenden Stuten- und Nachzuchtschau eine Frühjahrsschau für die Stuten, die ganzjährig im Forest ohne Stallung und Beifütterung leben.

Die Gesellschaft veranstaltet alljährlich 2 Auktionen, die Hälfte der Pferde werden als *Kinderreitpferde* verkauft, denn sie lassen sich sehr leicht einbrechen. Sie sind *besonders trittsicher*, da sie von klein an gewöhnt sind, ihren Weg durch Sümpfe, hohes Gestrüpp und über Kaninchenlöcher hinweg zu nehmen; sie haben eine *gute Aktion*, die sie zum sicheren Reitpferd für Erwachsene und Kinder über jede Art Boden macht. Gewöhnt, an den Straßengräben entlang zu grasen, sind sie mit jedem Fahrzeug und dem Verkehr vertraut.

New Forests können alle Farben haben, jedoch sind Hell- und Dunkelbraune vorherrschend. In der Größe variieren sie von 12 bis 14 hands (121,92 – 142,24 cm). Wenn sie als Jungtiere auf guten Weiden gehalten werden, werden manche auch über 14 hands (142,24 cm) groß. Sie haben einen ziemlich großen Kopf mit merkbar orientalischen Zügen, einen relativ kurzen Hals, eine abfallende und ziemlich schmale Hinterhand, aber gute Schultern und große Brusttiefe.

6 Das Connemara-Pony (Abb. 33, Seite 92)

Seine Heimat ist Südirland, in der Landschaft Connaugh an der Atlantikküste, nördlich der Galway-Bucht. Dieses Gebiet, das seit langen Zeiten durch seine harten, ausdauernden Ponys berühmt ist, wird Connemara genannt, obgleich das eigentliche Connemara ein viel kleinerer Landstrich im Nordwesten von West Galway ist.

Dieses Pony wurde durch die harten Lebensbedingungen seiner Heimat geprägt. Viele Ponys sehen nie einen Stall, sie sind bei jedem Wetter im Freien, das spärliche Gras der Berge und Moore bildet sehr oft ihre einzige Nahrung. Das Galoppieren über die zerklüfteten, mit Geröll bedeckten Hänge hat den Ponys eine große Trittsicherheit gegeben.

In die Connemaras ist zu verschiedenen Zeiten arabisches Blut eingekreuzt worden. Die charakteristischen Merkmale eines guten Connemaras sind: *Härte, Ausdauer, Klugheit und Gesundheit,* Größe 132 – 143 cm. Es gibt Schimmel, Rappen, Braune, Falben, gelegentlich Rotschimmel und Füchse. Vorherrschend ist die Schimmelfarbe. Leider gibt es nur noch wenige Falben; sie waren früher die typische und vorherrschende Farbe. Füchse werden als typfremd angesehen.

Der Körper ist kräftig und tief, er soll auf kurzen Beinen ruhen. Die Schultern sind lang und kräftig, Kopf und Hals werden gut getragen. Die Beine sind trocken und klar, mit auffallender Knochenstärke, Röhrbeinmaß unter der Vorderfußwurzel 7 – 8 inches (17,5 – 20 cm). Gang: freie, leichte, taktmäßige Bewegungen.

Die Connemara-Ponys sind sehr gute Gebrauchsponys, gleich gut geeignet für Kinder und Erwachsene. Sie sind gute Reit- und Wagenpferde sowie ausgezeichnete Jagdpferde und beste Springer.

7 Das Exmoor-Pony

Das Exmoor-Pony soll die einzige englische Ponyrasse sein, die seit undenklichen Zeiten im Typ und Körperbau nahezu unverändert geblieben ist.

Die Durchschnittsgröße dieser Ponys ist 12 hands (121,92 cm), sie sind mausbraun, dunkler auf dem Rücken, das Haarkleid ist von hellerer mehliger Farbe unter dem Bauch sowie an der Innenseite der Vorder- und Hinterschenkel. Diese mehlige Farbe umgrenzt auch die Augen. Sie sollen frei liegen und vorstehen. Der Kopf soll trocken, die Ohren weit auseinanderstehen und spitz sein. Maul und Nase sind recht ausdrucksvoll, das Maul muß mehlig-weiß, Nase und Nüstern müssen schwarz sein. Wichtig ist die Entfernung zwischen den Augen und die Breite des Maules. Das Haarkleid unterscheidet sich von den anderen in England heimischen Rassen. Es gleicht dem des Hirsches, elastisch und rauh, im Winter meist ohne Glanz, im Sommer ist es dicht geschlossen, hart und glänzend wie Kupfer.

Die Existenz des Exmoor-Ponys war öfters ernstlich bedroht, am stärksten im Jahre 1814. Damals verkaufte die Krone die Exmoor-Waldungen. Der Betreuer der Forsten, SIR THOMAS ACLAND, nahm damals 20 der wertvollsten Ponys auf seinen Besitz, mit denen er in Reinzucht die beste Exmoor-Herde züchtete. Ihre Produkte wurden gekennzeichnet durch den Acland-Brand, einen Anker. Er war die Garantie für reinblütiges Material bester Abstammung, das der Zucht viele wertvolle Beschäler geliefert hat.

Die Exmoor-Ponys haben sich in vielen Zuchten und Verwendungsgebieten bewährt, sie haben uns gute Reit-, Jagd- und Wagenpferde sowie in vielen Feldzügen bewährte Pferde geliefert. Wir finden Exmoor-Ponys in den Ahnentafeln mancher bekannter Rennpferde des vorigen Jahrhunderts.

Die natürliche Haltung der Ponys wird durch die fortschreitende Motorisierung immer schwieriger. Die Absatzfohlen werden alljährlich am letzten Donnerstag im Oktober auf dem Markt in Bampton verkauft.

8 Das Dartmoor-Pony (Abb. 34, Seite 109)

Die hochgelegenen Moore von Dartmoor bedecken ein Gebiet von 122 000 acres. Sie werden begrenzt im Süden von dem Kanal, im Norden vom Atlantischen Ozean. In dieser vor den Stürmen aus beiden Richtungen ungeschützten Landschaft lebt seit undenklichen Zeiten eine Rasse kleiner, harter, im Reitpferdetyp stehender Ponys. Diese Ponys sind 11,2 (116,84 cm) bis 12 hands (121,92 cm) groß; 12,2 hands (127 cm) ist das für eine Eintragung erlaubte Höchstmaß. Die besten Ponys haben eine Größe von 11,2 (116,84 cm) bis 11,3 hands (119,38 cm), sie verkörpern den idealen Reittyp mit ausgezeichneter Schulterlage, kleinen Köpfen, kleinen aufrechten Ohren; an diesen ist Reinblütigkeit oder Kreuzung am besten zu erkennen.

Der Dartmoor hat mittelstarke Knochen, gesunde harte Hufe und leichte flache Gänge, die für Reitpferde an den unwegsamen Hängen und auf den steinigen Geröllfeldern besonders geeignet sind. Es sind zähe, ausdauernde, mutige Ponys.

Die bevorzugten Farben sind Hellbraun, Braun, Schwarz und Schimmel. Weiße Abzeichen sind, abgesehen von einem kleinen Stern oder einer Flocke, unerwünscht.

Die Dartmoors sind ausgezeichnete Kinderponys, wenn sie frühzeitig mit dem Menschen in enge Berührung kommen und sorgsam eingebrochen und behandelt werden.

Die Haltung während der Aufzucht, die ähnlich dem Leben des Wildes ist, bedingt natürliche Scheuheit, sie muß durch eine *verständnisvolle Behandlung* überwunden werden, bei der die Ponys den Menschen als einen Freund kennenlernen. Das Dartmoor-Pony wird diese Mühe mit Freundschaft und Vertrauen belohnen und ein echtes Familienmitglied werden. Man sollte nie vergessen, daß gerade die besten Ponys als wertvolles Zuchtmaterial früher niemals aus dem Moor heraus und in menschliche Berührung kamen.

Das Dartmoor-Pony wird mit kleinen Vollblütern zur Erzeugung hochwertiger Turnierponys für größere Kinder gekreuzt. Im britischen Stutbuch sind ca. 500 Hengste und 1000 Stuten eingetragen.

Das Dartmoor-Pony darf niemals viel Hafer erhalten; er verdirbt sein gutes Temperament.

9 Das Welsh-Pony (Abb. 35, 36, Seite 110)

Das Welsh-Mountain-Pony (das Walisische Gebirgspferd) gehört zu den bekanntesten Ponyrassen Großbritanniens. Es stammt von den keltischen Ponys ab und lebt seit mehr als 1000 Jahren in den menschenleeren Berg- und Hochmoorlandschaften von Wales im Westen von England. Diese kleinen, nur bis 122 cm großen Ponys waren sehr geschätzte Zugtiere in den Kohlenbergwerken von Süd-Wales, sie waren aber auch die ausdauernden und genügsamen Reitponys der Schafhirten in dem bergigen Gelände ihrer Heimat. Es war eine der wenigen Ponyrassen, die der Ausrottung aller kleinen Pferde unter 14 hands (142,24 cm), die Heinrich VIII. angeordnet hatte, entgingen.

Die Welsh-Mountain-Ponys wurden schon seit jeher mit Arabern gekreuzt. Die erfolgreichsten Zuchten verdanken ihren Hochstand meist *einem* Vatertier, das ihnen seinen Stempel aufgedrückt hat; das ist ein Wunder der Natur, ein Glück, das der Züchter nicht hoch genug einschätzen kann. In der Welsh-Mountain-Zucht war dieser Hengst der reinweiße 11,2 hands große "Champion Dyoll Starlight", gezogen 1894 von Mr. Meuric Lloyd. Die Nachkommen dieser

Linie sind heute noch immer wegen ihrer Schönheit und Leistungsfähigkeit besonders beliebt.

Die Zucht wird betreut und gefördert durch die im Jahre 1901 gegründete Welsh Pony and Cob Society. Sie unterscheidet:

a) *Das Welsh-Mountain-Pony, Sektion A,* Stockmaß bis 12 hands (122 cm).

Es hat einen kleinen, fein modellierten Kopf, große Augen und sehr kleine, spitze Ohren, einen kräftigen Körper mit gut gelagerter schräger Schulter, starke Beine und harte, gut geformte Hufe. Eine lange, seidige Mähne und ein hochangesetzter, schöner Schweif vollenden das gefällige Bild dieses Ponys. Es ist ein gern gekauftes Kinderreit- und Arbeitspony sowie als Grundlage für Gebrauchskreuzungen besonders geeignet. Zugelassen sind alle Farben, außer Schecken, die in England von der Welsh Pony and Cob Society nicht in das Stutbuch eingetragen werden.

b) *Das Welsh-Pony, Sektion B,* Stockmaß bis 13,2 hands (137 cm). Der Zuchtverband konnte mit dem Welsh-Mountain-Pony, dessen Höchstmaß 122 cm Stock betragen darf, den Anforderungen des Marktes nicht entsprechen. Es wurde ein größeres Pony desselben Typs verlangt. Deshalb gründete man im Zuchtbuch eine neue Abteilung, die Sektion B für Welsh Riding Ponys. In ihm wurden die besonders im Tiefland zu groß gewordenen Ponys und mit englischem oder arabischem Vollblut gekreuzten, jedoch typgerechten Ponys eingetragen. Das Zuchtbuch ist geschlossen, um die Einkreuzung von zuviel fremdem Blut zu vermeiden. Die Welsh-Ponys der Sektion B stellen sich heute als edles Reitpony einheitlichen Typs vor.

c) *Das Welsh-Pony, Cob Typ, Sektion C,* Stockmaß bis 13,2 hands (137 cm).

Die Cob-Ponys der Sektion C sind meist durch Kreuzung von Ponys der Sektion A oder B und D entstanden. Es ist ein Pony mit bester Eignung als Jagd- und Geländepony sowie zur Verwendung im Zug.

d) *Der Welsh-Cob, Sektion D,* Stockmaß über 13,2 hands (137 cm), meist zwischen 142 und 158 cm, jedoch in der Höhe unbegrenzt.

Der Welsh-Cob ist seit undenklichen Zeiten in den walisischen Bergen beheimatet. Dieses kraftvolle, ausdauernde Pferd mit viel Adel ist ein sehr genügsames, größeres, zähes Gebrauchspferd, es ist ein gutes Zugpony und dank seiner hervorragenden Springanlage ein ideales Pony für Geländeritte und Jagden.

e) *Part-bred Welsh Register-Zuchtbuch* für teilweise Welsh-Ponys. Kreuzungen zwischen eingetragenen Welsh-Ponys und anderem Blut werden in das Part-Welsh-Zuchtbuch eingetragen.

Pferde dieser Sektion müssen mindestens 25 % im Welsh-Stutbuch eingetragenes Blut führen. Dieses kann aus jeder Sektion des Stutbuchs stammen, daher wurde weder ein Höchst- noch ein Mindeststockmaß festgelegt. Die Erfolge der Ponys und Pferde dieser Sektion bei zahlreichen Schauen und Turnieren in vielen Ländern beweisen den hohen Wert des Welsh-Blutes zur Erzeugung hochwertiger Nachkommen.

10 Das Highland-Pony

Das Highland-Pony, auch Garron genannt, ist die größte und stärkste aller englischen Moorlandrassen. Es sind genügsame, kräftige, trittsichere Ponys von harter, robuster Konstitution. Es gibt unter ihnen viele Falben in allen Schattierungen, oft mit Wildringen an den Vorderbeinen und Aalstrich, aber auch Schimmel und Braune sind häufig anzutreffen. Die Größe beträgt 13 – 14,2 hands (132,08 – 147,32 cm).

Sie werden besonders gerne als Reit- und Packtiere bei der Jagd auf Hirsch und Moorhuhn in dem wegelosen schottischen Bergland benutzt. Es sind gute, bequeme, billig zu haltende Hunter.

11 Das Dales-Pony

Die Dales-Ponys sind in den Tälern der Tyne, Allen, Wear und Tees beheimatet. Sie trugen die Bleierze von den Bergen zu den Waschplätzen in den Tälern und waren berühmt für ihre Kraft, Härte, Trittsicherheit, Energie und ihre Schnelligkeit im Trabe. Heute sind sie mehr Zugpferde als Tragtiere und dementsprechend schwerer geworden.

Ihre Größe beträgt bis 14,2 hands (147,32 cm). Die Farben sind vorwiegend Rappen, oft auch Braune, gelegentlich Schimmel. Der hübsche Ponykopf hat kleine Ohren, leichte Ganaschen, einen kurzen, kräftigen Hals, die Schultern sind kurz und steil, der kräftige Rücken zeigt gut gewölbte Rippen und einen schönen Schweifansatz. Gute Gelenke, kräftige Vordermittelfüße und eiserne Hufe zeichnen die Dales bei starkem Fesselbehang aus. Sie sind genügsam, erbgesund und hart bei bestem Temperament.

12 Das Fell-Pony

Im Seendistrikt und in Northumberland (England) gab es früher zahlreiche kleine, starke Ponys. Ursprünglich waren die Fell- und die Dales-Rassen die gleichen. Die verschiedenen Bezeichnungen entstanden in den verschiedenen Gegenden.

Damals waren Ponys das einzige Transportmittel, um große Mengen von Blei und Schiefer aus den Minen und Steinbrüchen in den Fells zu den Häfen zu transportieren, wo sie auf Segelschiffe verladen wurden. Jedes Pony trug eine Last von etwas über 2 Zentnern in besonders konstruierten Körben. Es wanderte – ohne am Kopf geführt zu werden – viele Meilen über enge Pfade und moorigen Grund. Unerläßliche Vorbedingungen hierfür waren Trittsicherheit und Klugheit. Einige Ponys wurden zu Torftransporten, andere in den Bergwerken benutzt.

Heute gehören die harten Ponys des Nord-Fell-Gebietes zu den wenigen britischen Ponyrassen, die frei von fremden Blutströmen geblieben sind.

Die bevorzugte Farbe der Fell-Ponys ist die Rappfarbe, obwohl es auch zahlreiche Dunkelbraune, Braune und Schimmel gibt; Füchse sind nicht vertreten. Schecken deuten auf eine Kreuzung. Die Größe beträgt 137 – 142 cm. Sie sind kurz und abgedreht, mit typischen klugen Ponyköpfen und spitzen Ohren. Erwünscht sind eine gute Schulterlage und eine nur mittlere Breite, ein kräftiges Fundament mit gut ausgebildeten Vorderfußwurzeln und Sprunggelenken. Lange Mähne und Schweif sowie der seidige Kötenschopf sind typische Rassenmerkmale.

Diese kraftvollen, genügsamen, harten, zähen und trittsicheren Ponys besitzen echten Ponyausdruck und leichte Bewegungen. Fell-Ponys sind schöne Wagenpferde und sehr beliebte Reitpferde für Kinder und Jäger, als Tragtiere befördern sie das erlegte Wild.

13 Das Shetland-Pony (Abb. 43, Seite 127; Abb. 47, Seite 138)

Das Shetlandpony ist die in Deutschland bekannteste britische Ponyrasse. *Es ist eine Zwergform, in der Kleinheit mit großer Kraft und Ausdauer gepaart sind.*

Seine Heimat sind die Shetlandinseln, eine Inselgruppe, die etwa 170 km nordöstlich des schottischen Festlandes liegt. Sie besteht aus rund 100 Inseln, viele davon sind nur Inselchen mit Weidegelegenheit für einige Schafe. Auf den 24 bewohnten Inseln leben ca. 28 000 Menschen. Ihre Hauptbeschäftigung ist die Fischerei, daneben wird auf dem sehr dürftigen, felsigen und hügeligen Gelände die Zucht von Ponys, Rindern und Schafen betrieben. Der Ackerbau ist auf die wenigen fruchtbaren Täler und die am Meer gelegenen Landstriche beschränkt. Das Klima ist extrem maritim, es wird durch den Golfstrom und die nördliche Lage bestimmt. Der Sommer ist mild und feucht, der Winter naß, nebelig und stürmisch, jedoch selten mit anhaltendem Schnee.

Wir wissen wenig über die Entstehung dieser prähistorischen Rasse und über ihr erstes Auftreten auf den Shetlandinseln. Es ist sicher, daß die Shetties seit über 2000 Jahren die Shetlandinseln bevölkern. Einige Forscher glauben, daß das Shetlandpony ein reiner Nachkomme der alten keltischen Ponys ist. Diese waren eine Mischung von kleinen Ponys im orientalischen Typ mit Ponys im Exmoortyp. Den Kampf mit den Unbilden der Natur und dem Hunger bestanden anscheinend nur die kleiner werdenden Typen des keltischen Ponys – *the survival of the fittest* – während die größeren degenerierten. Andere Forscher, unter ihnen Dr. J. E. Flade, Dummerstorf, glauben, daß der Ausleseprozeß schon vor und während der Wanderung der Ponys nach den Shetlandinseln stattgefunden hat. Sie glauben an einen Zusammenhang zwischen dem Shetlandpony und dem an sich schon kleinen nordischen Pony. Ihre Ansicht wird durch die Höhlenzeichnungen von Lascaux (Südfrankreich) bestätigt, auf denen zwischen zwei großen, dem Przewalskipferd nahestehenden Pferden ein Zwergpferd von geradezu frappanter Ähnlichkeit mit dem heutigen Shetlandpony zu sehen ist. Diese Zeichnungen stammen aus einer Zeit 10 000 bis 9 000 v. Chr. *Die kleine Wuchsform ist demnach schon sehr alt, viel älter als die Zucht der Ponys auf den Shetlandinseln.*

In ihrer Heimat werden die Shetlandponys im Freien geboren, sie leben im Freien und sterben im Freien. Die Stuten bringen im allgemeinen in jedem 2. Jahr ein Fohlen. Das Fohlen, das mit seiner Mutter auf den Gemeinschaftsweiden herumläuft, erhält keine besondere Fürsorge oder Pflege. Jedes Putzen wäre sinnlos, denn ihr Fell ist in den beiden ersten Lebensjahren mehr Wolle als Haar. Damit schützt die Natur die jungen Ponys gegen alle Unbeständigkeiten des Wetters, denen sie Sommer und Winter, Tag und Nacht ausgesetzt sind. *Es ist daher eine völlig falsch verstandene Tierliebe, wenn man glaubt, diese Ponys in einem warmen Stall unterbringen zu müssen. Unter derartigen, für sie unnatürlichen Bedingungen welken sie dahin, sie verlieren ihre Kondition, Härte und die Fähigkeit, ihr Futter selber zu suchen.*

Die Shetlandponys, die ursprünglich nur von den Bauern der Shetlandinseln benutzt wurden, erhielten in den fünfziger Jahren des vorigen Jahrhunderts eine größere wirtschaftliche Bedeutung, sie wurden sehr erfolgreich in den Kohlenbergwerken zur Arbeit eingesetzt. Ihre Kleinheit, gepaart mit Kraft, ihre Härte, ihr gutes Temperament und ihre schnelle Auffassungsgabe werden ohne jede Einschränkung in allen Berichten über den Einsatz der Shetties in den Bergwerken lobend hervorgehoben.

Die starke Nachfrage und die damit verbundenen hohen Preise verleiteten die Bewohner der Shetlandinseln zum Verkauf vieler guter Zuchttiere. LORD LONDONDERRY erkannte die sich daraus ergebenden Gefahren für den Bestand der Shetlandponyzucht. Er gründete deshalb im Jahre 1870 auf den Shetlandinseln Bressay und Noss ein Gestüt, in dem er die wertvollsten Hengste und Stuten vereinte. Die besten Shetlandponys lassen sich fast alle auf diese Zucht und ihre berühmten Hengste zurückführen. Das Shetland-Stutbuch wurde im Jahre 1890 gegründet.

Die gewünschten *Merkmale der Shetties* sind:

Der in Länge und Breite proportionierte *Kopf* soll trocken und ausdrucksvoll sein, die Ohren klein und gut angesetzt. Die breite Stirn wird als Zeichen von Klugheit gewertet. Ein gerader Nasenrücken (weder Hechtkopf noch Ramsnase) mit großen Nüstern, große freundliche Augen (Glasaugen sind unerwünscht) spiegeln Klugheit und gutes Temperament wider.

Der *Hals* soll aus einer gut gelagerten schrägen Schulter herauswachsen. Er soll stark und muskulös sein, seine Länge soll in richtigem Verhältnis zu den Körperproportionen stehen.

Der *Körper:* Eine nicht zu schmale zum Gesamtkörper passende Brust, ein gerader elastischer Rücken (Senkrücken und Karpfenrücken sind abzulehnen) eine schräg gelagerte Schulter, eine dem Gesamtkörper entsprechende Tiefe und Breite bei guter Rippenwölbung. Die geschlossene Hinterhand mit starkbemuskelter, verhältnismäßig langer Kruppe sind äußere Anzeichen von Leistungsfähigkeit und Leichtfutterigkeit. Das *Fundament* soll vier Säulen bilden. Die geraden Vorderbeine zeichnen sich durch einen gut bemuskelten Vorarm, breite ausdrucksvolle Vorderfußwurzeln und trockene Vordermittelfüße aus. Rückbiegigkeit ist unerwünscht. Die Hinterbeine besitzen stark bemuskelte Schenkel mit breiten, gut ausgebildeten Sprunggelenken. Die Ponys sollen weder kuhhessig noch faßbeinig stehen. Auf gut federnde Fesseln von wohlproportionierter Länge und auf harte, gut geformte Hufe wird besonderer Wert gelegt.

Das *Haarkleid* wechselt je nach den Jahreszeiten; es ist im Sommer kurz, glatt und glänzend, im Winter sehr dicht und fest. Üppige Mähne, stark behaarter Stirnschopf und Schweif gehören zu den typischen Kennzeichen der Shetties.

Die Grundfarbe des reinrassigen Shetlandponys ist Schwarz, es werden aber auch Braune, Füchse, Schimmel, Schecken und fast alle anderen Farben gezogen.

Die durchschnittliche *Größe* der Shetties beträgt in England 10 hands (101,6 cm) Stockmaß. Eingetragene Zuchttiere dürfen dreijährig diese Höhe nicht überschreiten, für vierjährige und ältere ist die Höchstgrenze 10,2 hands (106,68 cm).

Die besonders kleinen Ponys, die in Holland stark verbreitet sind, haben für Spezialzwecke, z. B. für Reklamefuhrwerke, eine gewisse Berechtigung. Es ist jedoch falsch, sie in größerer Zahl nach Deutschland einzuführen, da sie nur einen geringen wirtschaftlichen Wert besitzen. Sie sind z. B. als ausgesprochene Kinderreitponys kaum zu gebrauchen, und ihre Zucht ergibt vielfach Mißerfolge, da sie oft auf Kümmerlingen aufgebaut ist. Die vielen durchgezüchteten kleinen Ponys guter Qualität – über die die holländische Zucht verfügt – sind so teuer, daß der Handel vorwiegend billige, minderwertige Ponys nach Deutschland exportiert.

Die Shetlandponys sollen keine kurzen, trippelnden Bewegungen – die sie in ihrem heute wichtigsten Verwendungsgebiet als Kinderreitponys disqualifizieren – zeigen, *sie sollen leichte, freie Gänge besitzen.* Das Fehlen von erblichen Krankheiten, die Langlebigkeit, Härte und bestes Temperament sollen zu den für ein Shetlandpony typischen Eigenschaften gehören.

In den USA hat man schon sehr zeitig die große Aufgabe der Shetties erkannt, unsere Kinder an das Pferd heranzubringen. Man trägt daher in den USA Shetties bis zu einer Größe von 10,3 hands (109,22 cm), in Kanada sogar bis zu einer Größe von 11 hands (111,76 cm) ein. Die in den USA gezogenen Shetties verkörpern im Gegensatz zu dem bei uns vorwiegend verbreiteten Verdauungstyp den sog. orientalischen Typ. Sie ähneln durch ihre hübschen, trokkenen Köpfe den Arabern. Dieser orientalische Typ ist zur Verwendung als Kinderpony besonders geeignet. Sein Kopf ist schmal und fein. Sein Körper ist schlanker und daher als Kinderreitpony gut geeignet.

In Deutschland begann die Shetlandponyzucht im Jahre 1900. Die in Deutschland gezüchteten Shetlandponys werden in zwei Sektionen eingeteilt:

Sektion A: 101 cm für 3jährige
106 cm für 4jährige und ältere Shetlandponys.

Es wird empfohlen, die Shetlandponys als 3jährige zu messen und eine Wiederholung der Messung als 4jährige den Züchtern anzuraten.

Sektion B: Reinblütige Shetlandponys über 106 cm bis 117 cm. Die Reinblütigkeit ist durch entsprechende Abstammungspapiere nachzuweisen.

Shetlandponys ohne Abstammungsnachweis, die zur Aufnahme in das Vorbuch vorgestellt werden, werden zunächst in die entsprechenden Sektionen verteilt. Kreuzungspferde von Shetlandponys mit anderen Rassen können nicht in das Shetlandponystutbuch eingetragen werden. Diese Pferde sind zunächst als Reitponys zu führen.

Die Shetties finden u. a. Verwendung als billige und nützliche Arbeitskraft in Gärtnereien und ähnlich gelagerten Betrieben, zur Erledigung kleinerer Transporte und als Reklamefuhrwerk in Handel und Gewerbe. Die Zirkusse schätzen sie wegen ihrer Gelehrsamkeit und Geschicklichkeit. Ihre wichtigste Aufgabe ist es, den vielen Menschen, die sich keine größeren Pferde leisten können, die Freude am Besitz dieser liebenswerten Geschöpfe zu schenken, und unseren Kindern die Liebe, das Vertrauen und das Verständnis für das Pferd zu geben. Sie sind geeignete Ponys für die ersten Reitversuche unserer Kinder, sofern sie nicht durch falsche Behandlung oder Necken verdorben sind.

Sie sind klug und deshalb leicht zu leiten, wenn sie von Anfang an richtig und freundlich behandelt werden. Man vermeide jedes Erschrecken, insbesondere durch plötzliche und schweigende Annäherung. *Man erziehe die Kinder dazu, daß sie bei jeder Annäherung mit den Ponys sprechen, ganz gleich, ob sie sich im Stall oder im Freien befinden.*

Hengste sind keine Kinderreitpferde! Die Hengstfohlen sollten mit spätestens einem Jahr kastriert werden, damit sie sich keine Hengstmanieren angewöhnen, die eine Verwendung als zuverlässiges Kinderreitpony ausschließen.

Man beachte die an anderer Stelle gegebenen Futterregeln. *Kraftfutter und wenig Arbeit sind die Ursache vieler Temperamentsfehler.* Die gesündeste und wirtschaftlichste Haltung und Fütterung bietet eine nicht zu gute Weide, auf der dem Pony stets frisches Wasser, ein Salzleckstein und eine regelmäßige Hufpflege geboten wird.

14 Der Huzule

Die Heimat des Huzulen sind die Waldkarpaten, die Gegend um Zabie. Das Zuchtgebiet gehört heute zu den Staaten Tschechei, Polen, Rumänien und Ungarn.

Man glaubte früher, daß der Huzule ein degenerierter Nachkomme des Arabers sei, heute weiß man, daß seine Ahnen die Tarpane der russischen Steppe, die Bergtarpane der östlichen Karpatenabhänge und im Przewalskityp zurückgelassene Mongolenpferde sind. Unter den Original-Huzulen gibt es 3 verschiedene Typen:

den Tarpan-Huzulen

den Przewalski-Huzulen

den Bystrzec-Huzulen.

Die ersten beiden Namen erklären den Ursprung, der Bystrzec-Huzule ist ein erbfester, formkonstanter Schlag, entstanden aus einer Vermischung des Tarpan-Huzulen mit dem Konik in einem abgeschlossenen Zuchtgebiet. Der Tarpan-Huzule und der Bystrzec-Huzule sind trocken und edel, der Przewalski-Huzule ist massiver, gedrungener, in seiner Form verschwommener.

Die Maße betragen: Höhe 139 – 141 cm Bandmaß, 17,5 – 18 cm Röhrbein.

Bekannte staatliche Huzulengestüte waren: in Rumänien das altösterreichische Gestüt Luczyna, ursprünglich ein Vorwerk des Gestüts

Radautz, in der Tschechoslowakei das Gestüt Turja Remete und in Ungarn Bantapusta. Die staatlichen Verbesserungsbemühungen in diesen Gestüten, z. B. Einkreuzung von Arabern, englischem Vollblut, Haflingern usw., bessere Aufzucht, die Vergrößerungsbestrebungen, die günstigeren Lebensverhältnisse durch feste Straßen usw., führten zwar zur Verbesserung der Körperformen hinsichtlich Korrektheit und Schönheit im Sinne der Großpferdezucht, es gingen jedoch der Primitivtyp und die damit verbundenen wertvollen Eigenschaften dieses Naturpferdes verloren; diese blieben nur bei den Pferden der bäuerlichen Bergwirtschaften und Weiden erhalten.

Der Huzule ist langlebig, er ist bei guter Behandlung treu und anhänglich. Er ist ein typischer Rauhfutterfresser; Bergweide und Heu sind die ihm bekömmlichste Nahrung.

15 Der Panje

Der Name *Panje* ist ein Sammelbegriff für die Ponys der östlichen Nachbarländer. Sie entstammen meist planlosen Kreuzungen und haben keinen einheitlichen Rassetyp. Ihre Stammform ist der in Polen beheimatete *Konik* (Pferdchen); er ist das eigentliche primitive polnische Landpferd der Ebene, im Gegensatz zum primitiven Landpferd des Gebirges, dem Huzulen. Er soll ein Nachkomme des Tarpans sein. Der echte Konik ist ca. 133 cm Stockmaß groß und zeigt die typische Wildfärbung, die zwischen Dunkel- und Hellmausgrau mit fahlfarbenen Abweichungen schwankt, Aalstrich, Schulterkreuz und Querstreifen. Die echten Koniks besitzen die physiologischen Vorzüge des primitiven Landpferdes: Gesundheit, Fruchtbarkeit, Härte und außerordentliche Anspruchslosigkeit an Fütterung, Pflege und Haltung.

Neben den reingezogenen Koniks mit gutem Temperament gibt es zahlreiche Kreuzungstiere, die in ihren Eigenschaften, besonders auch in ihrem Temperament, nicht den Anforderungen entsprechen, die wir an ein Pony stellen müssen, das auch als Kinderreitpferd Verwendung finden soll.

Abb. 34. Dartmoor-Hengst "Jenson", Sieger der Dartmoor Pony Show 1958 – 1959 – 1960 sowie 17 weiterer Championate und 6 Reserve-Championate; hervorragender Vererber.

16 Das Bosnische Gebirgspferd

Das Bosnische Gebirgspferd ist eine der bekanntesten Rassen unter den verschiedenen Gebirgspferden der Welt. Es wird in zwei Typen gezüchtet: in einem kleineren Ponytyp und in einem größeren Typ. Außerdem findet man Kreuzungsprodukte mit Arabern.

Das Bosnische Gebirgspferd ist ein Quadratpferd, die Widerristhöhe beträgt im Durchschnitt 132 cm Stockmaß, die Körperlänge 131 cm. Der Brustumfang beträgt 150 cm, der Umfang des Vordermittelfußes (Röhrbeinumfang) 17 – 18 cm. Das Gewicht schwankt zwischen 300 und 350 kg. Heute erstrebt man einen etwas schwereren Typ zur Verwendung in der Landwirtschaft. Die Haarfarbe ist meistens braun, daneben gibt es Schimmel, Rappen, Füchse und Falben.

Diese kerngesunden, äußerst anspruchslosen, harten Pferde haben nicht nur in Bosnien, sondern auf dem ganzen Balkan, an den Küsten des Adriatischen Meeres und in der Türkei im Krieg und im Frieden ihre Leistungsfähigkeit, Ausdauer und Trittsicherheit als Tragtiere und unter dem Sattel immer wieder bewiesen. Die Hauptzuchtstätten liegen im Gebiet von Rogatica östlich von Sarajewo und in den Kreisen Mostar und Livno.

17 Das Deutsche Reitpony

Abkürzung: DR. Unter diesen Begriff fallen alle, die bisher als Reitponys und Kleinpferde unbestimmter Rassenzugehörigkeit bezeichnet wurden. Dazu gehören auch die von deutschen Züchtern durchgeführten Kreuzungen zur Züchtung eines Reitponys bis zu einer Größe von 147,3 cm Stockmaß.

Abb. 35 (oben). Welsh-Mountain-Pony, Stockmaß bis 122 cm.

Abb. 36 (unten). Welsh-Cob, Sektion D, Stockmaß über 137 cm.

Hinweise für eine erfolgreiche Zucht

Jeder, der seine Ponystute decken lassen will, übernimmt eine große moralische Verantwortung gegenüber dem zu erwartenden Lebewesen – dem Fohlen. Es muß sichergestellt sein, daß dem Fohlen die Lebensbedingungen gegeben werden, die die Voraussetzung für eine erfolgreiche Aufzucht sind. Diese sind in erster Linie ausgedehnter Weidegang und gesunde Unterbringung mit Auslaufmöglichkeit in der vegetationslosen Zeit, sofern eine Winterweide mit Schutzstall nicht vorhanden ist.

1 Das Bedecken

Die Stuten sollen *nicht vor dem vollendeten 3. Lebensjahr* zur Zucht benutzt werden, da sonst ihre Entwicklung leidet. Die Zucht erfordert in den meisten Fällen große Opfer an Zeit und Geld und bringt selten einen finanziellen Gewinn. Die Verluste sind um so größer, je öfter die Stute nicht tragend wird oder das Fohlen verendet.

Erfreulicherweise gehören die primitiven Ponyrassen zu den Rassen mit der höchsten Befruchtungsziffer. Die Schuld am Güstbleiben liegt bei ihnen in den meisten Fällen weder beim Hengst noch bei der Stute, sondern beim Menschen, nämlich infolge der *fehlerhaften Haltung von Hengst oder Stute* bzw. des *Versäumens des richtigen Decktermins.* Die wenigsten Züchter haben irgendeinen Einfluß auf die Haltung des Hengstes; sie wird dort am zweckmäßigsten sein, wo der Hengst als Arbeitspferd Verwendung findet oder auf der Weide gehalten wird. Sie ist am ungünstigsten dort, wo der Hengst 23 Stunden am Tag bei reichlichem Futter im Stall steht. Ganz abgesehen davon, daß die primitiven Ponyrassen durch eine derartige Haltung gerade diejenigen Eigenschaften verlieren müssen, die sie uns so wertvoll machen, nämlich ihre Genügsamkeit und Härte.

Dasselbe, was für den Hengst gesagt wurde, gilt für die Stute: *die natürliche Haltung ist die gesündeste.* Wichtig ist tägliche ausgiebige Bewegung auf der Weide oder im Geschirr. *Die Zuchtstute darf niemals fett sein,* eine knappe Haltung und einige Pfund fehlenden Fleisches sind besser als eine zu reichliche Fütterung und ein zu guter Ernährungszustand. Dies gilt sowohl für die tragenden als auch für die Maiden oder güsten Stuten. Selbstverständlich ist das gegenteilige Extrem genauso verkehrt.

Die Stuten dürfen in keinem Falle unter Vitamin- oder Mineralstoffmangel leiden, was gerade am Ausgang des Winters und zu Beginn des Frühjahrs häufig festzustellen ist. Bei schlechtem Heu ist die zeitig begonnene Zufütterung eines guten Mineralstoffgemisches und eines vitaminhaltigen Zufutters (Trockengrün, im Frühwinter Karotten, später gute Silage) unbedingt erforderlich, gegebenenfalls ist eine vom Tierarzt zu verabreichende Vitaminspritze empfehlenswert. Sehr häufig ist der mangelnde Ernährungszustand durch starken, aber nicht festgestellten Wurmbefall bedingt. Man sollte deshalb in jedem Fall im Herbst nach Abschluß der Weidezeit und – mit Ausnahme bei den hochtragenden Stuten – im Frühjahr einige Wochen vor dem Austrieb, eine gründliche *Wurmkur* nach Anweisung des Tierarztes, z. B. mit Equizol oder Phenothiazin und Piperazin, vornehmen. Stuten, die im Vorjahr verfohlt haben oder ohne sichtbaren Grund güst geblieben sind, sollte man zeitig genug vom Tierarzt untersuchen *(Tupferprobe)* und gegebenenfalls behandeln lassen.

Eine große Schwierigkeit in der Ponyzucht, insbesondere auch der Fjordzucht, ist die *stille Rosse,* die vielen Stuten der Naturrassen eigen ist. Bei Fohlenstuten kann man die Rosse häufig an dem in diesen Tagen bei den Fohlen auftretenden Durchfall erkennen. Bei Maiden und güsten Stuten hilft öfters die Umstellung neben ein anderes Pferd. Eine deutlichere Rosse tritt oft bei der Verfütterung des ersten Grünfutters bzw. zu Beginn des Weideganges auf. In schwierigen Fällen ist es empfehlenswert, die Stute für einige Tage auf der Deckstelle in eine Boxe neben den Hengst zu stellen oder ihr gemeinsamen Weidegang mit dem Hengst zu geben.

Es ist äußerst wichtig, daß der Stutenbesitzer die Stute pünktlich an dem vom Hengsthalter genannten Tag zum *Nachprobieren* bringt bzw. bei jedem Verdacht des Auftretens einer neuen Rosse. Die Nichtbeachtung dieser Termine, die oft wegen anderer drängender Arbeiten versäumt werden, ist in vielen Fällen neben einer verkehrten Haltung der Stute die Ursache des Güstbleibens. Sie abzustellen, liegt in der Hand des Stutenbesitzers.

2 Der Frühnachweis der Trächtigkeit

Es ist für den Ponyzüchter wertvoll, möglichst frühzeitig einen sicheren Nachweis über die durch eine Bedeckung erfolgte Trächtigkeit zu erhalten. Dies um so mehr, als die Naturrassen oft nur eine heimliche Rosse zeigen, die schwer erkennbar ist.

Das erste Anzeichen für die eingetretene Schwangerschaft ist das *Ausbleiben einer neuen Rosse.* Das ist aber kein hundertprozentiger Beweis, denn die Rosseerscheinungen bleiben bei einzelnen Stuten aus, obwohl keine Befruchtung stattgefunden hat.

Bedeutend sicherer als dieses physiologische Anzeichen für die Trächtigkeit sind die *Frühnachweise,* die wie folgt vorgenommen werden können:

1. mit Hilfe der *rectalen Untersuchung* durch einen auf diesem Gebiet erfahrenen Tierarzt; sie ist frühestens vom 20. Tage an möglich;
2. durch den Nachweis von *Schwangerschaftshormonen im Blut* zwischen dem 45. und 120. Tage der Trächtigkeit. Die Sicherheit beträgt in den Instituten (z. B. den Tierärztlichen Hochschulen), die sich regelmäßig mit diesen Untersuchungen befassen und daher über auf diesem Gebiet besonders erfahrene Mitarbeiter verfügen, etwa 95 %;
3. durch Nachweis von *Schwangerschaftshormonen im Harn,* möglich vom 125. Tage der Trächtigkeit an. Er bietet ebenfalls eine hohe Sicherheit.

Die für die hormonalen Trächtigkeitsuntersuchungen notwendige Blut- oder Harnprobe (je 50 cm^3) ist möglichst kühl und schnell an das betreffende Untersuchungsinstitut einzusenden. An heißen Sommertagen sollte man an Stelle des Blutes das nach der Gerinnung abgesetzte Serum abschicken. Für schwerwiegende Entscheidungen empfiehlt es sich, das Ergebnis der hormonalen Trächtigkeitsuntersuchung entweder durch eine klinische Untersuchung oder durch eine 2. Blut- oder Harnuntersuchung nach 14 Tagen bis 3 Wochen bestätigen zu lassen.

3 Die Mutterstute und die Geburt des Fohlens

Die tragende Stute soll ihre tägliche Arbeit bis zum Abfohlen verrichten oder den ihr gewohnten Weidegang weiter erhalten. Übermäßige Schonung ist genauso gefährlich wie zu starke Beanspruchung. Zu vermeiden sind alle plötzlichen und harten Bewegungen, Stürze sowie Stöße gegen den Leib.

Das *Futter* soll gehaltvoll, vielseitig und leicht verdaulich sein. Gefährlich sind alle Futtermittel, die verschmutzt, verdorben, angefault, verschimmelt, muffig oder gefroren sind, weil sie leicht zu Koliken und damit zum Verfohlen führen. Die Mutterstute soll im Ausdruck und Haarkleid ein Bild bester Gesundheit bieten, sie darf sich jedoch keinesfalls in Mastkondition befinden. Zu gute Fütterung der Stuten erschwert die Geburt und die regelmäßige Befruchtung. Das ideale Grundfutter ist für die tragende Stute außerhalb der Weidezeit stets *gutes Wiesenheu,* das leicht verdaulich ist und einen ausreichenden Gehalt an Mineralstoffen besitzt, daneben gebe man je nach Bedarf ein kleines, aber möglichst vielseitig zusammengestelltes Zufutter, z. B. ein Gemisch von Häcksel, Trockengrün, Weizenkleie, gute Möhren, etwas Hafer, Reformhafer usw. Ob und wieviel man zufüttert, hängt von der Qualität des Heues, dem Futterzustand der Stute, etwaiger verlangter Arbeitsleistung usw. ab. In manchen Gegenden ist die Zufütterung von Mineralstoffen und Spurenelementen in den letzten Monaten der Trächtigkeit zu empfehlen.

Die *Wurmbekämpfung* darf bei der tragenden Stute nicht vergessen werden (s. Seite 68 ff).

Die *Hufeisen* sind früh genug *abzunehmen,* um Verletzungen des Menschen und des Fohlens bei der Geburt zu vermeiden. Die Stute ist rechtzeitig in eine geräumige *Abfohlboxe* zu bringen, sofern man sie bei gutem Wetter nicht auf der Weide fohlen läßt. Zahlreiche Fohlen ersticken in den Eihäuten, verunglücken oder werden von der Mutter nicht mehr angenommen, weil sie ohne Aufsicht – manchmal sogar noch im Stand – geboren wurden. Man war zu nachlässig, die vorhandene Abfohlboxe zeitig genug fertig zu machen und beziehen zu lassen.

Beim *Abfohlen* lauten die beiden *Hauptregeln:*

1. *peinlichste Sauberkeit*
2. *keinerlei Eingriff oder Hilfeleistung bei einer normalen Geburt.*

Die normale Geburt dauert 10 – 60 Minuten. Zuerst erscheinen die Vorderfüße, auf denen der Kopf liegt. Jede unnötige Hilfeleistung ist von Übel. Zu frühes Eingreifen ist die Ursache vieler Verletzungen und Infektionen bei Stute und Fohlen. *Wenn das Fohlen geboren ist, ohne daß die Eihäute aufgerissen sind, müssen diese sofort geöffnet werden,* damit das Fohlen nicht erstickt. Genaue Anweisungen über die richtige Geburtshilfe enthält das schon erwähnte Buch „Pferdezucht und Pferdehaltung".

Noch einige besondere Hinweise. *Die drei gefährlichen Infektionsstellen beim neugeborenen Fohlen* sind: *Nase, Maulhöhle* und *Nabel.* Das oft gebräuchliche Auswischen des Maules nach der Geburt zur Entfernung des Schleimes ist häufig die Ursache lebensgefährlicher Infektionen. Man soll den Schleim aus Maul und Nase von außen mit sauber gewaschenen Händen leicht herausdrücken.

Die Nabelschnur wird meist von alleine durchreißen, sobald das Fohlen sich weiterbewegt oder die Stute aufsteht. *Kein übereiltes Trennen der Nabelschnur!* Abwarten bis durch die Gefäße der Nabelschnur kein Blut mehr fließt, da sonst dem Fohlen gerade in diesen kritischen Minuten ein Teil dieses Lebenselixiers verlorengeht. Reißt die Nabelschnur nicht von alleine, dann muß sich der Helfer gründlich die Hände waschen und desinfizieren. Anschließend muß er mit der Hand die Nabelschnur 7 – 10 cm von der Bauchdecke entfernt halten, mit der anderen Hand die Nabelschnur abdrehen, wobei die drehende Bewegung von der Hand und nicht von der Bauchdecke aufgefangen werden muß. Der Nabelstumpf wird sofort nach der Trennung gründlich in eine kleine Flasche mit weitem Hals, die mit Alkohol oder Brennspiritus verdünnte Jodtinktur enthält, eingetaucht. Nur bei heftiger Blutung wird der Nabelstumpf mit einem nicht saugfähigen, mit verdünnter Jodtinktur getränkten sterilen Faden abgebunden. Das Trockenreiben des Fohlens mit Stroh oder Heu regt die Atmung an.

Die Nachgeburt (die aus der Scham nach der Geburt heraushängenden Eihäute) ist sofort nach dem Abfallen zusammen mit der durch die Geburt verschmutzten Einstreu zu beseitigen. *Fällt die Nachgeburt nicht innerhalb von 2 – 3 Stunden nach der Geburt ab, so sollte man den Tierarzt zu Rate ziehen.* Jede eigenmächtige Beschleunigung der Ablösung durch Zug oder Gewichte usw. ist strengstens zu untersagen.

Es ist unbedingt notwendig, daß das Fohlen die erste Milch der Stute, die Kolostralmilch, erhält. Die Menschen und viele Tiere erhalten eine Immunität gegen die ersten Krankheiten noch vor der Geburt durch die Weitergabe von Abwehrstoffen durch das Blut der Mutter. Beim Pferd kann diese Übertragung von Abwehrstoffen vor der Geburt nicht stattfinden. Die Kolostralmilch – sie ist nur innerhalb der ersten 24–36 Stunden nach der Geburt vorhanden – enthält *Antikörper,* die von größter Bedeutung für die Abwehrkraft des Fohlens sind, das in den ersten 36 Stunden seines Lebens gegen krankheitserregende Bakterien besonders empfindlich ist.

Die Kolostralmilch sorgt durch ihre abführende Wirkung für den *Abgang des Darmpechs,* auf den der gewissenhafte Züchter besonders achtet. Das Pech, das sich während des foetalen Lebensabschnittes im Darm des Fohlens gebildet hat, ist umfangreicher und fester als bei anderen Haustieren. Es sind sehr oft harte, steinige Gebilde von dunkelbrauner Farbe.

Die durch *Darmpechverhaltung* verursachten Schmerzen beginnen meist erst am zweiten Lebenstage. Die Fohlen werden unruhig, schlagen lebhaft mit ihren Schwänzchen, legen sich unter mehr oder weniger leichtem Drängen hin. Sie schlagen mit den Gliedmaßen und wälzen sich hie und da. Typisch ist die Haltung von Kopf und Hals, die nach hinten gedreht sind. Die Sauglust bleibt trotz lebhafter Leibschmerzen lange erhalten.

Die Untersuchung erfolgt rectal mit dem eingeölten oder eingeseiften Zeigefinger (kurz geschnittener Nagel!). Wir unterscheiden drei Stadien der Erkrankung:

1. Es ist noch kein Pech abgegangen, in der Ampulle des Rectums befindet sich ein großer, birnenförmiger, fester Kotballen. Der erfahrene Züchter wird meistens ohne Schwierigkeiten mittels des in Öl eingetauchten Zeigefingers und eines leichten Einlaufes den Kotballen entfernen und damit das Leiden behoben haben.

2. Die Schmerzen lassen nicht nach, obgleich eine größere Menge Darmpech abgegangen ist. Der Endteil des Mastdarms ist leer, man fühlt jedoch, wenn das Fohlen preßt, einen harten Ballen, der vor dem Becken des Fohlens sitzt. Diese Form der Verhaltung finden wir auf Grund der spezifischen Beckenform *nur bei Hengstfohlen.* Die Schmerzen lassen häufig auch bei Abgang des Ballens noch nicht nach, da ein neuer Ballen nachrückt.

Durch Einläufe mit lauwarmem Seifenwasser versucht man, die äußeren Schichten des Kotballens zu erweichen. Um ein zu schnelles Auspressen des Wassers zu verhindern, wird der After einige Minuten zugehalten. Die Gleitwirkung kann der Tierarzt durch Eingeben von Paraffinöl unterstützen. Jedes Eingeben überlasse man jedoch dem Tierarzt, den man zeitig holen sollte, bevor das Fohlen durch die Schmerzen zu schwach geworden ist.

3. Eine bei Hengst- und Stutfohlen auftretende Form besteht in einer Verstopfung der vorderen Abschnitte des Dickdarms. Hier empfiehlt sich eine Behandlung durch den Tierarzt, die, wenn sie zeitig genug eingeleitet wird, fast immer erfolgreich ist. Eine Nachbehandlung durch den Tierarzt ist nur in seltenen Fällen notwendig. Der hier und da auftretende Durchfall verschwindet meist von alleine.
   Bei zu reichlicher Milch, die das Fohlen nicht bewältigen kann, empfiehlt sich zur Verhinderung von Euterentzündungen ein mehrmaliges Ausmelken der Stute, solange das Fohlen durch die Krankheit nicht richtig saugen will.

Die beste Vorsorge gegen Darmpechverhaltung wie auch der sicherste Schutz gegen die zahlreichen gefährlichen Fohlenkrankheiten ist – wic wir schon betonten – die Kolostralmilch. Sie enthält die Stoffe, die für eine Entleerung des Darmes ohne Schädigung sorgen.

Es empfiehlt sich in Gegenden und Stallungen, in denen in den letzten Jahren Erscheinungen der *Fohlenlähme* festgestellt wurden, dem neugeborenen Fohlen eine Kombinationsspritze von Antibiotika, Globulinen und Vitaminen geben zu lassen. Sie dient nicht nur als kurzwirkende Prophylaxe, sondern auch zur Bekämpfung einer bereits bestehenden Infektion.

Wenn wir die leider allgemein übliche zu frühe Durchtrennung des Nabels unterlassen und dafür sorgen, daß das Fohlen die Kolostralmilch bekommt, dann haben wir einen erheblichen Beitrag zur Stärkung der Lebensenergie und Gesundheit des neugeborenen Fohlens geleistet.

4 Hengst oder Wallach?

Leider scheuen sich manche Züchter aus den verschiedensten Gründen, die männlichen Fohlen zeitig genug kastrieren zu lassen. Jeder Züchter sieht in seinem Fohlen das Idealbild des zukünftigen Ponys, es wäre unverständlich, wenn es bei den entzückenden, uns schnell ans Herz wachsenden Fohlen anders wäre. Viele Züchter glauben, daß Hengste oder spät kastrierte Wallache kräftiger, klüger und temperamentvoller und daher als Reitpferde besser seien. Andere vertreten die Auffassung, dem Fohlen mit der Kastration ein Unrecht anzutun. Diese Meinungen sind völlig verkehrt. Der wahre Tierfreund und Züchter weiß, daß eine Zucht nur verbessert werden kann, wenn in ihr nur wenige, aber allerbeste Hengste Verwendung finden. Der Bedarf an Hengsten ist also verschwindend gering. *Hengste und Wallache, die nicht spätestens als Jährlinge kastriert wurden, zeigen meistens Hengstmanieren, die sich ungünstig auf ihr Temperament auswirken.* Diese Ponys sind schwierig im Umgang, sie sind *als Kinderreitpferde völlig ungeeignet.* Die Aufzucht und Haltung dieser Ponys ist schwieriger, teurer und – das sei besonders betont – weniger freudvoll für das betreffende Pony. Sie werden z. B. fast nie auf einer Gemeinschaftsweide angenommen, sie brauchen um ihre Weide und den Auslauf einen besonders festen und hohen Zaun, der ein Ausbrechen oder Überspringen unmöglich macht. Sie benötigen als Pfleger eine energische Person und keine Kinder oder alte Leute, andernfalls wird die Harmonie zwischen dem Pony und seinem Betreuer sehr oft am Temperament und den Unarten des Hengstes oder spät kastrierten Wallaches scheitern. Die Wallache bleiben in den Körpermaßen fast nur in den Breitenmaßen hinter den Hengsten zurück, was bei vielen Ponyrassen nicht unerwünscht ist.

Die Kastration ist um so gefahrloser und weniger eingreifend in die körperliche und psychische Entwicklung des Ponys, je jünger es ist. Natürlich müssen die Hoden bereits sichtbar oder fühlbar sein. *Die Kastration geschieht durch einen Tierarzt am besten in dem auf das Geburtsjahr folgenden Jahr nach Abklingen des Frostes,* so daß das Pony zu Beginn der Weidezeit vor der Fliegenplage auf die Weide kann.

Als Reitpony für ein Kind sollte man niemals einen Hengst unserer sehr selbstbewußten Ponyrassen verwenden. Sein Verkauf ist deshalb bedeutend schwieriger als der eines Wallachs.

Reiten und Fahren

1 Sattelzeug und Geschirr

Gutes Sattelzeug ist nicht billig, es wäre jedoch Sparsamkeit am falschen Platz, minderwertiges oder abgenutztes Sattelzeug zu kaufen, weil es im Augenblick billiger zu erwerben ist. Man wird häufig über Reitsportzeitschriften oder bei einem Sattler gut erhaltene gebrauchte Sättel und Zaumzeuge kaufen können, die bedeutend billiger als neues Sattelzeug sind. Bevor wir den Sattel kaufen, sollten wir ihn von einem Sattler oder einem erfahrenen Reiter begutachten lassen, insbesondere ob der Sattelbaum und die Polsterung in Ordnung sind, ob er auf das Pony paßt und die richtige Größe für den für ihn vorgesehenen Reiter hat. *Nur auf einem richtig gebauten und gut liegenden Sattel kann der Reiter richtig sitzen und einwirken.* Ein gutsitzender Sattel für ein Pony von 130–145 cm Größe wird für alle Familienmitglieder passen. Am besten beschafft man sich einen Allzweck- oder Vielseitigkeitssattel (Abb. 37).

Der Sattel darf trotz des Reitergewichtes das Pony weder am Widerrist noch an den Lenden drücken. Das Verpassen des Sattels geschieht am besten ohne Unterlegedecke. Der Sattel soll gleichmäßig auf dem Pferderücken liegen, *der tiefste Punkt muß in der Mitte der Sitzfläche des Sattels liegen, die Kammer darf den Widerrist nicht berühren.* Bei vielen gebrauchten Sätteln ist die Polsterung so zusammengedrückt, daß der tiefste Punkt zu weit hinten liegt, dadurch leidet der Sitz des Reiters. Ein Aufpolstern durch den Sattler ist unbedingt notwendig. Bei vielen Ponys wird entweder ein Vorgurt oder ein Schweifriemen benötigt, damit der Sattel nicht nach vorne rutscht. Der Schweifriemen soll gut gepolstert sein und darf nicht zu straff angezogen werden. Als Unterlage für den Sattel – der von der linken Seite aus aufgelegt wird – ist eine in Sattelform geschnittene Filzdecke empfehlenswert (Abb. 21, 22, 23; 37, 38).

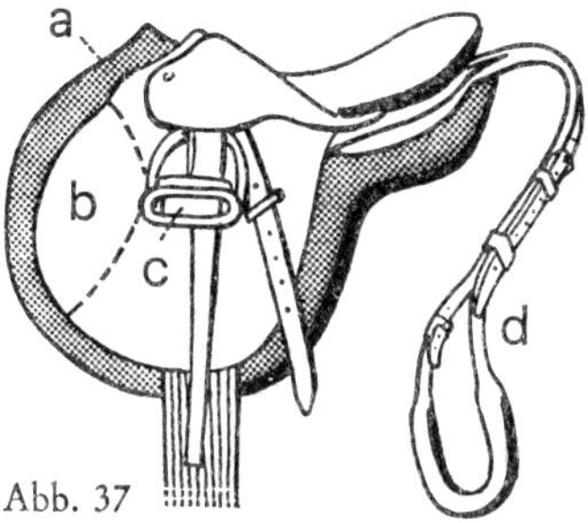

Abb. 37

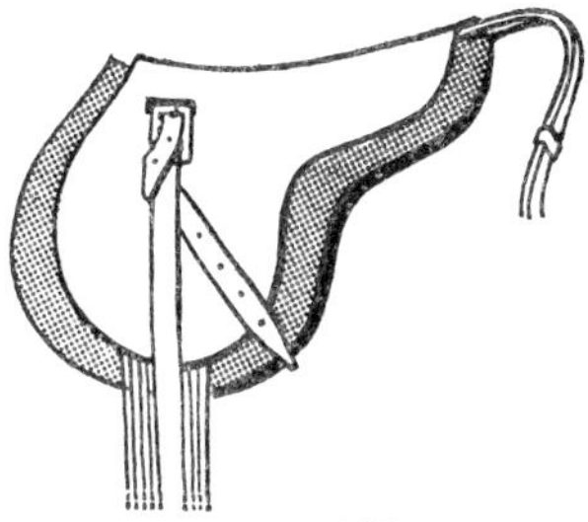

Abb. 38

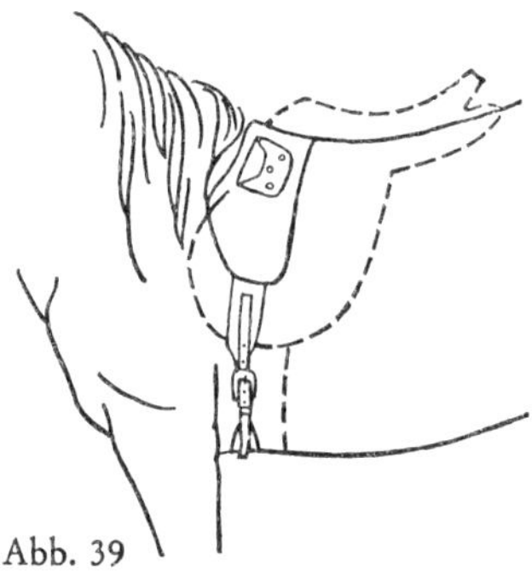

Abb. 39

Abb. 37. In Deutschland entwickelter Vielseitigkeitssattel für Ponys.

a Filzdecke, b Pausche, c Gummieinlage für Bügel, d Schweifriemen.

Abb. 38. Sitzkissen.

Es besteht aus einem einfachen Lederblatt und der Filzdecke. Das Sitzkissen gewährt infolge seiner unausgeprägten Form keinen sicheren und ruhigen Sitz und stellt deshalb eine korrekte Hilfengebung in Frage. Die Folge ist eine mangelnde Beherrschung des Ponys.

Abb. 39. Vorgurt.

Ein Verrutschen des Sattels nach vorn verhindern zwei Haken beiderseits des Widerristes.

(Abb. 37, 38, 39 nach G. Kapitzke und F. Zika, 1964.)

Den Sattel lege man stets von vorne nach hinten auf, damit keine wunden Stellen durch falsch gelegte Haare entstehen. Man achte darauf, daß keine Mähnenhaare unter der Filzdecke eingeklemmt werden. *Die Filzdecke ist beim Satteln in die Kammer hineinzuziehen*, um einen Druck auf den Widerrist zu verhindern. *Der Sattel wird zunächst nur leicht angegurtet* und erst nach einigen Schritten fester angezogen. *Der Sattelgurt soll etwa eine Handbreit hinter dem Ellbogenhöcker des Pferdes liegen* (s. Abb. 22, Seite 46).

Die Bügel sollen genügend breit und schwer sein, damit der Reiter bei einem Sturz nicht in ihnen hängen bleibt und sie leichter aufnehmen kann, wenn er sie verloren hat. Man achte strikt darauf, daß die Sattelfedern, in denen der Steigbügelriemen hängt, niemals geschlossen, sondern stets offen sind, damit der Bügelriemen bei einem Sturz leicht herausgleiten kann. Kinder lasse man stets nur mit einem ledernen Bügelschuh reiten, der ein Durchstecken des Fußes durch den Steigbügel und damit ein Festhaken verhindert.

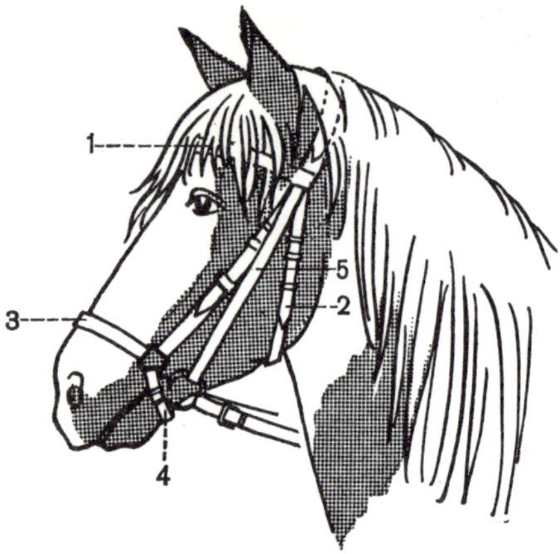

Abb. 40.
Trensenzäumung.
Der Stirnriemen darf die Ohren nicht belästigen. 2 Der Kehlriemen muß so *weit* geschnallt sein, daß bei beigezäumtem Pony zwischen ihm und dem Kehlgang die flache Hand noch Platz hat. 3 Der Nasenriemen muß etwa vier Finger breit über dem oberen Nüsternrand liegen. 4 Der Kinnriemen muß *eng* geschnallt sein, doch so, daß das Pony noch kauen kann. 5 Das Backenstück muß so verpaßt sein, daß das Gebiß in den Maulwinkeln anliegt, ohne dieselben hochzuziehen. (Nach W. Kriegeskorte in Brecht, 1954, verändert.)

Die Trense soll als Mundstück eine dicke Wassertrense besitzen. Ein dickes Mundstück wirkt weich auf das Pferdemaul. *Die Trense ist so zu verpassen, daß das Gebiß an den Maulwinkeln anliegt, ohne diese hochzuziehen.* Der Kehlriemen ist so zu schnallen, daß bei ausgestrecktem Ponykopf die hohle Hand zwischen ihm und dem Kehlgang Platz hat. Der Nasenriemen soll etwa eine Handbreit über den oberen Nüstern liegen. Der Kinnriemen soll nur so eng geschnallt sein, daß das Pferd noch kauen kann. Ein zu weit geschnallter Nasenriemen verfehlt den Zweck des Reithalfters, das Pony am Aufsperren des Maules zu hindern. (Abb. 27, Seite 48.)

Gut gepflegtes Sattelzeug ist eine Selbstverständlichkeit für einen richtigen Reiter, das Leder hält bedeutend länger, es bleibt weich und geschmeidig. Das Geschirr und Sattelzeug des Ponys sollte an einem trockenen, kühlen und möglichst staubsicheren Ort aufbewahrt werden. Feuchtigkeit läßt das Leder verschimmeln, die Nähe eines Ofens macht das Leder hart und brüchig.

Nach dem Reiten wird das Trensengebiß sofort unter laufendem Wasser oder in einem Wassereimer so von den anhaftenden Speichel- und Futterresten gründlich gesäubert, daß die Lederteile nicht zu feucht werden. Den Sattel werfe man nach dem Absatteln nicht auf den Boden, da der Sattelbaum zerbrechen oder das Oberleder zerkratzt werden kann. Man reibe den Schmutz von den Lederteilen mit einem nur schwach angefeuchteten Schwamm, einem feuchten Chamoisleder oder einem angefeuchteten Tuch ab. Mindestens einmal wöchentlich behandle man alle Lederteile des Sattels und die Zügel mit Sattelseife, die man mit einem nur wenig angefeuchteten Schwamm einreibt; nach dem Eintrocknen reibe man mit einem Wolltuch nach. Die anderen Lederteile, Zaumzeug, Halfter usw. kann man ebenfalls mit Sattelseife behandeln, bei diesen Lederteilen tut die Verwendung eines Lederöls von Zeit zu Zeit gute Dienste. Man vergesse dabei nicht, die Schnallen und Schlaufen zu öffnen und zu reinigen. Das Leinenfutter des Sattels und die Filzdecke werden mit der Mähnenbürste gut abgebürstet. Feuchtes Leinenfutter läßt man vorher an der Luft (nicht an einem Ofen oder in der prallen Sonne!) trocknen.

Beim Reinigen des Sattelzeuges überzeuge man sich, ob irgendwelche Teile einer Reparatur oder einer Erneuerung bedürfen, es geschieht zur eigenen Sicherheit!

Das *Geschirr* muß zu dem Pony passen. Es muß so aufliegen, daß es die höchste Ausnutzung der Zugkraft ermöglicht und jede Druck- oder Scheuerstelle vermeidet. Geschirre und Wagen müssen nach jedem Gebrauch mit kaltem Wasser und Schwamm bzw. Bürste gereinigt werden. Die Geschirre säubere man mit Sattelseife, die den Schmutz löst und nach dem Abtrocknen dem Geschirr Geschmeidigkeit und Glanz verleiht; anschließend werden die trocken gewordenen Geschirre gut gebürstet. An Stelle von Sattelseife können die gewaschenen und getrockneten Geschirre mit Lederfett oder Schuhcreme behandelt werden.

Die Gebisse reinige man sofort nach dem Gebrauch in reichlich Wasser und reibe sie anschließend trocken.

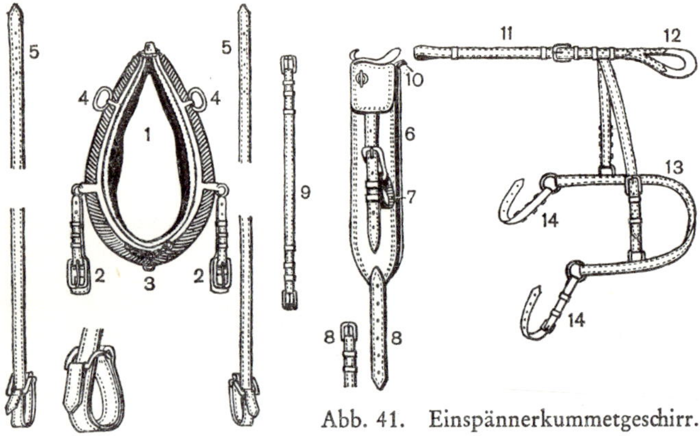

Abb. 41. Einspännerkummetgeschirr.
1 Kummet, 2 Strangstutzen, 3 Schlußkette mit Ring, 4 Leinenaugen, 5 Stränge, 6 Sättelchen oder Sellette, 7 Tragegurt mit Ledertrageauge für zweiräderige Wagen, 8 Bauchgurtstrupfe mit zugehöriger Schnalle, 9 Verbindungsriemen zwischen den beiden Tragegurten, 10 Ring zum Einschnallen des Schweifriemens, 11 Schweif- oder Schwanzriemen mit 12 Schweifmetze, 13 Umgang mit Seitenriemen des Hinterzeuges, 14 Einschnallriemen zur Befestigung des Hinterzeuges an Gabelösen. (Nach A. und L. Brauchle, 1949, verändert.)

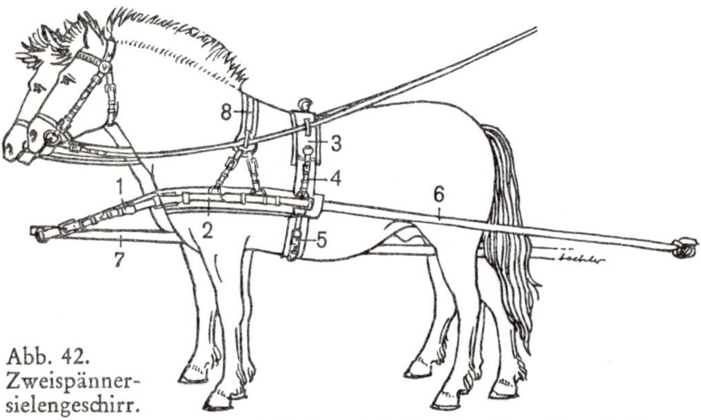

Abb. 42. Zweispännersielengeschirr.
1 Aufhalteriemen oder Aufhalter, 2 Siele oder Brustblatt, 3 Kammdeckel, 4 Bauchgurt, 5 Sprenggurt, 6 Zugstrang, 7 Deichsel, 8 Halsriemen. (Nach A. und L. Brauchle, 1949, verändert.)

2 Das Anlernen des jungen Ponys

Das Einfahren und Einreiten ist der Lebensabschnitt des jungen Ponys, in dem es entweder zu unserem besten Freund mit ausgeglichenem gutem Temperament, hoher Leistungsbereitschaft und großer Leistungsfähigkeit wird, oder in dem es für alle Zeit verdorben und ängstlich wird, sich Widersetzlichkeiten und Unarten angewöhnt, die seinen späteren Gebrauchswert weitgehend beeinträchtigen. *Es wird leider zu oft vergessen, daß das Pony – wie jedes andere Pferd – nur dann ein vollwertiges Reit- und Fahrpony für Erwachsene und Kinder wird, wenn es fachmännisch erzogen und ausgebildet wurde.*

a Erziehung

Das Pony ist keine Maschine, es darf nicht als seelenloser, unserer Willkür ausgelieferter Gegenstand betrachtet werden. Der Mensch muß bemüht sein, sich in die Gedankenwelt des Ponys einzuleben und versuchen, ihm seinen Willen in verständlicher Weise zu übermitteln. Widersetzlichkeiten muß man mit Energie und Entschlossenheit entgegentreten. Man hüte sich jedoch vor jeder dem Pony unverständlichen Strafe. Eine wirklich notwendige Bestrafung muß stets so schnell der Tat folgen, daß beim Pony eine Gedankenverbindung zwischen der Widersetzlichkeit und der Strafe erfolgt. Jede spätere Bestrafung ist dem Pony unverständlich und führt leicht zu einer Gedankenverwirrung.

Die Ursachen der Widersetzlichkeit sind entscheidend für ihre Korrektur, sie können sein: Ungezogenheit durch Übermut oder Böswilligkeit, Angst und Schreckhaftigkeit, physische Schmerzen und Unbehagen durch Muskelschmerzen und den ungewohnten Druck des Geschirres sowie verkehrte Interpretation des menschlichen Willens. Ungezogenheit bestrafe man, Angst und Schreckhaftigkeit können nur durch Geduld und Güte überwunden werden. Körperliche Schmerzen und Unbehagen müssen durch sachgemäße, der körperlichen Verfassung angepaßte Arbeit, durch Behandlung schmerzhafter Stellen (Sattel- und Geschirrdruck) und genaues Anpassen des Geschirres beseitigt werden. Verkehrt verstandene Anordnungen verlangen vermehrtes Einleben in die Psyche des Ponys.

Die Erziehung, die schon beim Fohlen in den ersten Lebenstagen beginnt, und die Ausbildung werden um so erfolgreicher sein, je mehr wir uns in die Psyche unserer Ponys einleben. Man muß die Charaktereigenschaften, Sinnesleistungen, Gewohnheiten und Triebe seines Ponys kennen, um sich ihrer weitgehend bei der Erziehung und Ausbildung zu bedienen. Gehör, Geruch und Tastsinn sind beim Pferd sehr gut entwickelt, die Sehkraft dagegen weniger. Daraus ergibt sich u. a. folgendes:

1. *Der große Einfluß der menschlichen Stimme,* die ein leider viel zu wenig benutztes Hilfsmittel bei der Dressur und Ausbildung ist. Das Pony merkt sich weniger das einzelne Wort als die Betonung. Kurze strafende Worte werden anfangs mit einem kurzen Schlag verbunden. Die gedankliche Verbindung der strafenden Stimme mit dem Schlag macht letzteren bald überflüssig. Die menschliche Stimme gibt dem Pony Vertrauen und Mut, besonders wenn man es gleichzeitig lobend am Halse klopft.
2. *Den gut entwickelten Geruchssinn* unserer Ponys verwende man, um ihnen die Scheu vor unbekannten Gegenständen zu nehmen, z. B. vor Autos, Traktoren, Transportfahrzeugen, fremden Sprüngen usw.
3. *Die vom menschlichen Auge sehr verschiedene Leistungsfähigkeit der Augen unserer Ponys* ist oft die Ursache von Ängstlichkeit und Erschrecken.

Das Pony ist wie alle Pferde ein optisch-motorischer Typ mit *ausgesprochenem Herdentrieb und einem sehr guten Gedächtnis.* Daraus ergibt sich die große Arbeitsfreudigkeit, der Übermut bei zu geringer Betätigung, die Flucht als Reaktion auf Angst oder Erschrecken. Der Herdentrieb ist ein gutes Hilfsmittel beim Einreiten, Einfahren und Einspringen junger Ponys, aber auch die Ursache des sog. Klebens. Das gute Gedächtnis ist eine wertvolle Hilfe bei der Erziehung und Ausbildung, es fördert sowohl die guten wie die schlechten Gewohnheiten. Ein sehr wirksames Erziehungsmittel ist die lobende Verwendung der Stimme und die häufige Verabreichung von Leckerbissen (Apfel, Mohrrübe, Brot, Zucker usw.).

Die Erziehung muß schon in den ersten Lebenstagen beginnen, dazu gehören die Gewöhnung an das Halfter, das allmähliche vorsichtige

Abb. 43. Shetland-Siegerstute "Hildchen von Haus Hülsdonk" P (R) 73, Rappschimmel.

Sieger
Preis
I
151

Anbinden zur Aufnahme des Kraftfutters (ein Bindfaden zwischen Anbindekette und Halfter, der im Notfall reißt, verhindert Unglücksfälle), das Hochheben der Hufe, das tägliche Putzen im Winter sowie das Führen. Dieses sind wertvolle Vorarbeiten, um das Vertrauen des Ponys zu gewinnen und seinen Gehorsam auszubilden. Man unterbinde jedes Necken und Spielen mit den Fohlen, das den Charakter für alle Zeiten verderben kann.

Wichtig ist der *tägliche Auslauf*, beginnend in den ersten Lebenstagen bis zum Einreiten. Zwei oder mehrere Fohlen auf einer Weide bewegen sich mehr als ein Einzelgänger, sie entwickeln sich meistens besser sowohl im Körperbau wie im Temperament. Einzelkinder sind oft Sorgenkinder.

b Einreiten und Einspringen

Ein vorsichtiges Anreiten des richtig aufgezogenen Ponys sollte *frühestens im Alter von drei Jahren* durch einen leichten Erwachsenen oder einen reiterlich fortgeschrittenen Jugendlichen erfolgen. Vier- oder fünfjährig kann man weitere ruhige Ritte, die Muskeln und Sehnen stärken, unternehmen. Das Pony ist aber erst mit sechs Jahren volljährig, erst dann darf man größere Leistungen hinsichtlich Ausdauer, Schnelligkeit oder Gewicht verlangen.

Das Anreiten des Ponys sollte man einem möglichst guten und erfahrenen Reiter übertragen. Der Anfänger sollte sich erst dann auf sein Pony setzen, wenn es gut eingeritten ist und er selber die Anfangsgründe des Reitens in einem Reiterverein oder einer Reitschule erlernt hat. Der Anfänger braucht ein älteres, erfahrenes Pferd als Lehrmeister, das junge, rohe Pferd einen erfahrenen, guten Reiter. *Zwei Anfänger – Reiter und Pony – passen nicht zusammen.* Das Anreiten soll das ungerittene Pferd an das Reitergewicht gewöhnen, ihm sein natürliches Gleichgewicht und seine Losgelassenheit wiedergeben, es an die Hilfen stellen und zum Gehorsam erziehen. *Je vorsichtiger und langsamer man im Anfang vorgeht, desto schneller kommt man meistens vorwärts und vermeidet Rückschläge.*

Abb. 44. Westfälischer Kleinpferdehengst "Natal", Siegerhengst in der Abt. Kleinpferde auf der westfälischen Hauptkörung Oktober 1966 in Münster.

Man mache das Pony rechtzeitig mit dem Zaum – am besten einer Wassertrense (einem dicken, gebrochenen Hohlmundstück) – vertraut. Sie muß so verschnallt sein, daß sie weder die Lefzen hochzieht noch bei den Wallachen auf den Hakenzähnen liegt. Der Kehlriemen muß so weit sein, daß er die Atmung nicht behindert, das Maß ist die flache Hand, die bei ausgestrecktem Pferdekopf noch Platz hat. Der Nasenriemen soll etwa 6 – 8 cm über dem oberen Nüsternrand liegen. Der Kinnriemen soll so eng geschnallt sein, daß das Pony noch kauen aber nicht mehr das Maul aufsperren kann.

Als vorbereitende Hilfe dient neben vielen *Spaziergängen* mit dem Pony, die ihm Vertrauen einflößen und mit der Umwelt und dem Verkehr vertraut machen, *die Longenarbeit.* Diese kann an der Doppellonge oder an der einfachen Longe erfolgen. (Näheres über die Longenarbeit, das Einreiten und das Einfahren siehe in den einschlägigen Lehrbüchern, z. B. in der bereits erwähnten „Pferdezucht und Pferdehaltung" des Verfassers, in den „Richtlinien für Reiten und Fahren" des HDP, in der „Reitlehre" von Müseler und in dem Buch „Ponyreiten ernst genommen" von Kapitzke und Zika sowie in den Artikeln der beiden Fachblätter „Kleinpferdezucht" und „Pony-Post". In letzterer befinden sich u. a. wertvolle Berichte über das Tölten des Isländers, geschrieben von Frau U. Bruns.)

Das junge Pferd soll sich durch die Arbeit an der Longe beruhigen, entspannen, seine taktmäßigen Bewegungen wiederfinden und die erste Unterordnung unter den Willen des Ausbilders erlernen. Es kommt an die treibenden Hilfen der Peitsche und lernt die Kommandos des Ausbilders kennen. Hierbei fördert vieles Sprechen das Vertrauen und den willigen Gehorsam.

Besondere Vorsicht und Sorgfalt erfordern das Verpassen des Sattels, das Anlegen der Trense und das erste Satteln. Die Trense wird im Stall angelegt (Abb. 26, 27, Seite 48), das Satteln geschieht im Anschluß an das Longieren. Der Sattel wird zunächst nur leicht angegurtet und erst nach längerer Zeit etwas stärker angezogen. Nach dem Auflegen und Angurten des Sattels führe oder longiere man das Pferd, damit es sich an den Sattel gewöhnt; anschließend wird das Auf- und Absitzen geübt. Wichtig sind völlige Ruhe, ausgiebiger Gebrauch der beruhigenden Stimme, das Klopfen des Pferdes sowie die Leckerbissen als Lohn. Das Heraufheben des Reiters muß langsam ohne Übereilung erfolgen, dabei empfiehlt es sich, eine Hand so hinter das linke Auge zu legen, daß dem Pferd der

Blick nach rückwärts genommen ist. Beim Absitzen muß der Reiter vorsichtig absteigen oder heruntergleiten. Er darf nicht abspringen, wodurch er das Pony erschrecken könnte. Wiederholtes Auf- und Absitzen ist beim Anreiten geboten. *Es muß erreicht werden, daß das Pony beim Auf- und Absitzen unbedingt ruhig steht.* Nur Geduld, Ausdauer und ruhige Behandlung führen zu diesem Ziel. Die Futterschwinge ist dabei reichlich zu benutzen. Der Helfer soll die ersten Tage das Pferd beim Aufsitzen durch die Futterschwinge, Klopfen am Hals, gütliches Zureden usw. ablenken, er soll das Pony sofort nach dem Aufsitzen anführen. Hastige Bewegungen, die das Pony erschrecken, sind unbedingt zu vermeiden. Unser Pony wird sich bald an das Reitergewicht gewöhnen und das verlorengegangene Gleichgewicht wiederfinden. Wichtig ist, daß der Reiter stillsitzt, sich möglichst aller Einwirkungen enthält und unter Zuhilfenahme einer Gerte in ruhigem Arbeitstrab – zunächst nur „leicht" trabend – vorwärts reitet.

Der Gebrauch der Gerte soll das Verständnis für den treibenden Schenkel vermitteln. Anfangs lege man die Gerte an die innere Schulter des Ponys und steigere diese Hilfe zu leichten Schlägen. Später erfolgt dies dicht hinter dem Schenkel. Schließlich verbindet man hiermit ein leichtes Klopfen der Unterschenkel, bis das Pferd dieser Hilfe alleine folgt – das Pony nimmt die Schenkel an.

Es ist praktisch, wenn beim Einreiten ein älteres Pony die Rolle eines Führpferdes (Ausnutzung des Herdentriebes) übernimmt. Ruhige, gleichmäßige, raumgreifende Tritte sind ein Zeichen, daß das Pony sich an das Reitergewicht gewöhnt hat und das erste Ziel der Ausbildung erreicht worden ist. *Die weitere Arbeit ist streng individuell zu gestalten.* Schwache, unentwickelte Ponys müssen geschont werden, faule Ponys werden in lebhafterem Tempo, heftige Ponys in ruhiger Gangart geritten. Arbeit und Futter müssen stets sinnvoll kombiniert werden (s. Kapitel „Fütterung und Futter").

Die Paraden zum Halten, zum Schritt oder zum Trabe sowie das Anreiten, Antraben und Angaloppieren kann man zur Erleichterung in den ersten Wochen durch die beim Longieren gebrauchten Kommandos unterstützen. Dabei lernen die Ponys die gleichzeitig gegebenen reiterlichen Hilfen kennen, die man allmählich ohne die Kommandos wirksam anwenden kann.

Die *Shetlandponys* werden hauptsächlich an der Longe ausgebildet. Auf einem derart gut geschulten Pony kann man einem Kind an der

Longe gute reiterliche Grundlagen vermitteln. Man lasse das Kind solange in allen drei Gangarten an der Longe reiten, bis es sich dem Pony gegenüber durchsetzen kann.

Das *Einspringen der Ponys* kann an der Longe, als Freispringen oder unter dem Reiter erfolgen. Man beginne mit den einfachsten Aufgaben und steigere die Anforderungen nur ganz allmählich. Wenn das Pony willig über die am Boden liegende Stange tritt, beginne man mit der Arbeit über Bodenricks im Schritt und im Trabe. Bodenricks sind dicht über dem Boden liegende Stangen, die an beiden Enden an einem sägebockartigen Holzkreuz befestigt sind. Diese Arbeit ist noch kein Springen, aber eine vorbereitende Arbeit, die beim Reiter einen elastischen, geschmeidigen Sitz, beim Pony die Rückenmuskulatur stärken und die Losgelassenheit fördern soll. Die weitere Ausbildung geschehe über möglichst verschiedene niedrige Hindernisse, die man dem Pony stets vorher zeigen (durch Beriechen) soll, wenn möglich aus dem Trabe. Wenn das Pferd vor dem Hindernis ein bis zwei Galoppsprünge macht, so ist das kein Fehler. Man hüte sich vor zu vielem Springen in einer Reitstunde, das Pony wird sonst gleichgültig, mißmutig und zum Springen verdorben. Der Reiter fasse beim Springen stets in die Mähne oder in einen Halsriemen, den man jedem jungen Pony umlegen sollte, damit man – unabhängig von den Zügeln – bei unvorhergesehenen Zwischenfällen stets einen Halt hat.

c **Einfahren**

Zum Einfahren bereite man das Pony ebenfalls an der Longe vor, am besten an einer Doppellonge. Das erste Auflegen des Geschirrs geschehe ruhig und ohne Hast an einem dem Pony vertrauten Platz bei freundlichem Zuspruch und lobendem Klopfen. Als Geschirr benutze man ein gepflegtes, also weiches Geschirr; Schweifriemen und Gurte dürfen nur ganz allmählich angezogen werden. Nachdem das Pony durch Hin- und Herführen an den Trensenzügeln an das Geschirr gewöhnt ist, wird eine Einspännerleine eingeschnallt und mit Hilfe eines Anführers am Kopf des Ponys das Fahren von hinten geübt. Das Pony wird hierbei mit den Berührungen der Leine auf dem Rücken und an den Seiten, der Hilfengebung – einschließlich der Peitschenhilfe –, vertraut gemacht. Das Anführen am Kopf wird schon in wenigen Tagen nicht mehr notwendig sein.

Die ersten Zugübungen werden anschließend durch Gegenzug von ein oder zwei Gehilfen an den verlängerten Tauen, dann am Schleppbalken oder einer Schleppe durchgeführt. Das Einfahren am Zweispänner (Abb. 42) geschieht stets rechts neben einem Schulmeister (einem älteren zugfesten Pony) zuerst an der Schleppe, dann am Wagen ohne Belastung bei feststehender Brake. *Man steigere die Anforderungen nur langsam und verlange erst mehr, wenn das Pony die bisherigen Aufgaben verstanden hat und ruhig und willig ausführt. Man fahre stets mit nachgebenden Hilfen bei leichter Führung.* Die Wendungen dürfen nicht durch Ziehen an der Innenleine sondern stets durch Nachgeben der Außenleine gefahren werden. Jedes Zupfen und Reißen an der Leine, um das Pony anzutreiben, muß es verderben, da es eine dem Pony unverständliche Maßnahme darstellt. Steigende und zurückkriechende Ponys sind, sofern es aus Angst geschieht, mit Worten und einem Leckerbissen zu beruhigen, bevor man mit gut nachgebender Leine halbseitwärts mit einem daneben gespannten, zugfesten Pony anfährt.

Das *Scheuen* der Ponys beruht meist auf Angst oder Erschrecken vor unbekannten oder unrichtig eingeschätzten Gegenständen. Die beruhigende Stimme, das langsame Vorbeifahren an dem angsteinflößenden Gegenstand und – wenn möglich – ein Beschnuppern geben dem Pony das fehlende Vertrauen. *Es wäre widersinnig, ein junges Pony beim Scheuen zu bestrafen, man würde dadurch nur Verbrecher und Durchgänger erziehen.*

3 Winke für das Wandern mit Ponys

Das unbeschwerte Reiten durch die Landschaft ist eine der schönsten und erholsamsten Formen der Freizeit- und Urlaubsgestaltung. Es verbindet in einzigartiger Weise die ponybegeisterten Reiter untereinander und mit ihren Ponys, es bringt auch den sonst fast nur mit der Technik verbundenen Großstadtmenschen der Natur wieder nahe. Gerade dieses Reiten schenkt Menschen jeder Altersklasse (und auch unseren Ponys!) ohne große Anstrengung Freude und Erholung, Gelassenheit – also körperliche Gesundheit und seelisches Gleichgewicht.

Es ist eine selbstverständliche Voraussetzung, daß sowohl unsere Ponys wie auch der Reiter zu jeder von ihnen verlangten Leistung – also auch zum Wandern zu Pferde – *systematisch vorbereitet* werden, indem man sie mindestens zweimal wöchentlich allmählich bis zu 3 Stunden steigernd in ruhiger Schritt- und Trabarbeit im Freien arbeitet. Die Arbeit in der Reitbahn ist nicht ausreichend. Art und Dauer des vorbereitenden Trainings hängen von dem vorgesehenen Ritt ab, ob es Halbtages- oder Tagesritte bzw. Fahrten, ein Wochenendritt bzw. Wochenendfahrt oder Ferien im Sattel sein sollen. Letztere sind entweder ein langer Tourenritt mit eingeplanten Ruhetagen und vorher festgelegten Quartieren oder das Wandern in reizvoller Gegend von einem festen Standquartier aus. Liegt dieses weit von unserem Wohnort entfernt, dann empfiehlt sich eine Verladung durch die weniger schönen Anmarschgebiete.

Der *Eintagesritt* erfordert keine größeren Vorbereitungen. Wir legen eine Mittagsrast z. B. in einem Gasthof ein, wo wir die Ponys – wie wir uns vorher überzeugt haben – einstellen, tränken und füttern können. Das Futter muß vorher bereitgestellt sein. Ein Regenmantel, Stallhalfter mit Anbinderiemen, ein Putzzeug, ein Wunddesinfektionsmittel, eine Mullbinde sowie eine gute Landkarte (möglichst in einer Kartentasche zum Umhängen) sind alles, was wir mitnehmen. *Je länger der Ritt, desto sorgfältiger muß er vorbereitet werden.* Dazu gehören u. a. genaue Festlegung des Weges, vorheriges Abfahren der in Aussicht genommenen Strecke, Besichtigung sowie Festlegung der Quartiere für Pony und Reiter. Mitnahme nur von gesunden und gut ausgebildeten Reitern und Ponys!

Der *letzte Beschlag* des Ponys sollte etwa *eine Woche vor Beginn* der Wanderung stattgefunden haben. Sofern auf dem Ritt Asphaltstraßen benutzt werden müssen, empfiehlt sich die Verwendung der kurzen Hartstiftstollen. Gut zugepaßte Reserveeisen und -nägel sollten bei längeren Ritten im Gepäck mitgeführt werden.

Auch der *Sattel* muß schon eine Weile auf dem gleichen Pony benutzt worden sein. Bewährt hat sich ein gut sitzender, nicht zu leichter englischer Vielseitigkeitssattel (Abb. 37), der waagerecht aufliegt und gut gepolstert ist. Die Kammer muß so aufliegen, daß auch dann keine Widerristschäden auftreten, wenn das Pony im Verlauf der Wanderung magerer wird. Die Haken und Ringe zum Befestigen der Packtaschen und des Mantelsackes am Sattel lasse man sich von einem erfahrenen Sattler anbringen. Einen erprobten Wandersattel für größere Ponys sowie sämtliches Zubehör für Wanderritte liefert die seit 1836 bestehende Fa. Waldhausen in Köln-Nippes. Als Unterlage für den Sattel empfiehlt sich ein Woilach, dessen Zusammen- und Auflegen man sich von einem erfahrenen älteren Reiter zeigen lasse. Wichtig ist, daß man vor dem Festgurten den Woilach nochmals in die Sattelkammer einzieht, damit er nicht den Widerrist drückt. Sofern dieses doch geschehen ist, muß das Pony stehen bleiben und die Druckstelle muß mit Azetatbrei behandelt werden. Man wird manche Druckstelle verhindern, wenn man in den Wochen vor dem Wanderritt die Sattellage und Gurtenlage nach dem Reiten mit kaltem Essigwasser abwäscht und dadurch die Haut kräftigt. Der Woilach verhindert das Scheuern durch Packtaschen und Mantelsack, und er kann gleichzeitig – sofern einmal notwendig – zum Eindecken des Ponys benutzt werden. Unter die Trense mit Reithalfter schnalle man ein leichtes Stallhalfter mit Anbinderiemen. Den Reservebügelriemen schnalle man um den Hals des Ponys.

Zur *weiteren Ausrüstung* gehören u. a.: ein Freßbeutel aus starkem Segeltuch zum Füttern und Tränken, eine Taschenlampe, Leuchtbandagen oder ein ähnliches Leuchtzeichen, denn unvorhergesehene Zwischenfälle können ein Reiten in der Dunkelheit notwendig machen, sowie ein Hufkratzer, den man stets zur Verfügung haben muß. Das größere Gepäck schicke man möglichst voraus oder führe es auf einem Begleitfahrzeug mit, auf das man bei einer größeren Anzahl von Reitern nicht verzichten sollte.

Das *Futter* teile man so ein, daß das Pony morgens und mittags zusammen ein Drittel bis die Hälfte der Kraftfutterration erhält, während die Hauptmahlzeit am Abend gegeben wird. Das *Tränken* geschehe bei erhitzten Ponys erst, nachdem sie sich etwas abgekühlt haben, und zwar vorsichtig (Auflegen von Heu auf das Wasser), um ein zu gieriges Saufen zu verhindern. Satttränken erst nach Abkühlung, Nachtränken ca. 2 Stunden nach dem Abendfutter.

Wohltuend ist das kalte Abwaschen der Beine und Hufe, die man vorher sauber ausgekratzt hat, um eingetretene Fremdkörper, kleine Steine usw. zu entfernen. Der Sitz des Eisens und der Nägel sind bei jeder längeren Pause und am Abend nach jedem Ritt zu kontrollieren. Ponys, die sich streichen, sollten bei Wanderritten Streichkappen oder Gamaschen tragen. Vorsicht vor Verletzungen durch Steinchen oder Schmutz, die sich zwischen Streichkappe, Gamasche und Haut festgesetzt haben.

Die *Bekleidung* des Reiters bzw. der Reiterin muß einfach, bequem und praktisch sein: eine gut sitzende Reithose und nicht drückendes Unterzeug, gut eingelaufene, bequeme, gut besohlte Reitstiefel (weich im Schaft und der hinteren Kappe), in denen man auch gut zu Fuß gehen kann; leichte Reitjacke, bei Hitze Polohemd, an kälteren

Tagen Pullover; als Kopfbedeckung Sportmütze, Reitkappe oder für die Reiterinnen bei windigem Wetter Kopftuch oder Regenhaut; ein Regenmantel aus Nylon oder Loden bzw. ein Umhang, die im Sattel die Knie des Reiters bedecken müssen.

Als *Tagesstrecke,* die erholsam und bequem zu bewältigen ist, rechne man für die ersten Tage für größere Ponys 25 – 30 km. Der sein Pony sorgsam beobachtende Reiter wird sehr bald feststellen, ob es zweckmäßig ist, die vorgesehene Tagesstrecke zu erhöhen oder zu vermindern. Jeden 3. bis 4. Tag lege man einen halben oder einen ganzen Ruhetag ein. Bei Hitze starte man in den frühen Morgenstunden und mache in den heißen Mittagsstunden, etwa von 11 – 16 Uhr, eine längere *Rast.* Kürzere Ruhepausen sollte man alle 2 Stunden einlegen, dabei muß man die Sattelgurte lockern und die Ponys auf weichen oder bewachsenen Boden stellen, damit sie Harn lassen. Darauf ist strikt zu achten! Der Sattel wird vor dem Wiederanziehen der Gurte erneut richtig von vorn nach hinten aufgelegt, der Woilach gut eingekammert und dann erst festgegurtet. Bei jeder Rast überzeuge man sich, daß keine Druckstellen in der Sattel- oder Gurtenlage oder lose sitzende Nägel oder Eisen das Wohlbefinden unserer Ponys gefährden.

Als *Tempo* rechnet man für unsere großen Ponys pro Kilometer den Schritt mit ca. 10 Minuten, den Arbeitstrab mit ca. 5 Minuten und den Arbeitsgalopp mit ca. 3 Minuten. Letzteren wird man bei Dauerritten nur zur Abwechslung über kürzere Strecken, z. B. auf schönem Wiesengelände in der erlaubten Zeit vor dem 1. April, reiten können.

Abb. 45 und 46 auf Seite 137

Abb. 45 (oben). Holländische Jugend auf New-Forest-Ponys beim Turnier in Aachen 1964 – Gruß vor der Ehrentribüne.

Abb. 46 (unten). Die holländischen Jungreiter zeigen mit dieser Fahrschule ihr reiterliches Können und das gute Temperament ihrer New-Forest-Ponys.

Abb. 47 und 48 auf Seite 138

Abb. 47 (oben). Einwandfreier Springstil. Vierjährige Fuchsscheck-Shetlandstute "Lieschen". Mit dem etwas rahmigeren Shetlandpony sind besonders gute Beobachtungen auf den Ponyturnieren gemacht worden.

Abb. 48 (unten). Reitpony-Eignungsprüfung.

B

95

633

Das Einstellen der Ponys in einen See oder noch besser in ein fließendes Gewässer für 15 – 20 Minuten ist eine Wohltat für die Pferdebeine nach getaner Arbeit. Man muß jedoch sicher sein, daß keine Scherben auf dem Grunde liegen, die Verletzungen an den Ponybeinen verursachen können. Im Zweifelsfalle ist ein Abspritzen mit dem Schlauch vorzuziehen. Sofern möglich, lasse man das Pony abends am Halfter noch 15 – 20 Minuten grasen. Das Laufenlassen auf einer fremden Weide ist nur zu empfehlen, wenn diese ohne Verwendung von Stacheldraht gut eingezäunt ist.

Im Stall vergewissere man sich peinlich genau, daß *keine Haken oder Nägel* vorhanden sind, an denen sich unser Pony verletzen kann. Man beherzige stets den alten Reiterspruch, auch wenn man noch so müde und abgespannt, durchregnet und hungrig in das Quartier kommt: *Erst das Pony und dann der Reiter.*

Zwei empfehlenswerte Schriften für die Vorbereitung von Wanderritten sind:

„Reiseführer – Wandern zu Pferde – Ferien im Sattel"
(Ein ausführliches Verzeichnis der für die Wanderritte geeigneten Unterkünfte, Gasthöfe, Reiterpensionen usw.)

„Mit den Pferden wandern – Wanderritte richtig vorbereitet"
von Hertha Luise Jung

Dieses Buch ist ein Ratgeber aus der Praxis für die Praxis.

4 Voltigieren und Ponyreiterspiele

Mit unseren Ponys sind das Voltigieren und die Ponyreiterspiele eng verbunden. Modernes Voltigieren ist Gymnastik am galoppierenden Pferd, das auf einem Zirkel von ca. 15 Meter Durchmesser an

Abb. 49 und 50 auf Seite 139

Abb. 49 (oben). Fritz Thiedemann zeigt, daß er nicht nur reiten, sondern auch ein Pony in vorbildlichem „Achenbach-Stil" fahren kann.

Abb. 50 (unten). Das Fjordpony ist dank seiner Größe, seiner langen, ruhigen Bewegungen, seiner Klugheit und seines hervorragenden Temperaments bestens geeignet als Familienpferd.

Abb. 51 *(Seite 140).* Ponys zeichnen sich nicht nur durch ihre Anspruchslosigkeit, sondern auch durch ihre im Verhältnis zum Körpergewicht hohe Leistungsfähigkeit aus.

der Longe des Lehrers im Kreise läuft. Die Kinder, die auf dieses lebende Turngerät aufspringen und auf seinem breiten Rücken eine Anzahl anmutiger Übungen vollführen, werden gewandt, geschmeidig, mutig, ihr Selbstvertrauen wird gestärkt. Sie verlieren damit jede Verkrampfung auf dem Pferd, sie bekommen das Gefühl für Gleichgewicht und für ein weiches Eingehen in die Bewegungen des Pferdes. Man sollte deshalb unsere jungen Ponyreiter nach Möglichkeit an den sehr preiswerten Unterrichtsstunden für Voltigieren des zuständigen Reitervereins teilnehmen lassen. Als Voltigierpferde haben sich in vielen Vereinen Haflinger und Fjordponys dank ihres guten Temperamentes und ihrer ruhigen Bewegungen bewährt.

Das *Spiel und der Mannschaftssport,* aber nicht der den krankhaften Ehrgeiz fördernde Einzelsport, müssen das Ziel unseres Jugendsports im Reiten und Fahren mit Ponys sein und bleiben. *Wir wollen eine frische, ponybegeisterte, sportlich eingestellte Jugend,* aber keine mißgünstigen, ehrgeizigen Stars, wie wir sie leider auf manchen Turnierplätzen erleben.

„Richtlinien für das Voltigieren und die Durchführung von Ponyreiterspielen“ sind der Inhalt des Bandes 3 der „Richtlinien für Reiten und Fahren des Hauptverbandes für Zucht und Prüfung deutscher Pferde e. V.“. Dieser Band und Band 1 „Grundausbildung“ dürften eine wertvolle Anschaffung für viele Ponybesitzer sein.

Für die Besitzer und Reiter von Islandpferden ist die Islandpferde-Prüfungsordnung (IPO) wertvoll. Herausgeber ist die Island-Pferde-Züchter- und Besitzervereinigung e. V., 5 Köln 1, Humboldtstr. 5—9.

5 Musterausschreibung für Pony-Turniere

Der Verband der Pony- und Kleinpferdezüchter Hannover, der sich als „Verband der Pony- und Kleinpferde-Reiter“ dem Verband der Reit- und Fahrvereine Hannover anschloß, verfaßte nachstehende Musterausschreibung für Pony-Turniere, die auch Veranstaltern von Pony-Turnieren außerhalb Hannovers als Muster empfohlen werden kann:

Ausschreibung für das Pony-Turnier in . . . .

am . . . . 19 . . . in . . . .
Veranstalter: Verband der Pony- und Kleinpferde-Reiter.
Beauftragter: . . . .
Genehmigt von der Kommission für Pferdeleistungsprüfungen (Hannover). An sämtlichen Prüfungen der Kat. B können nur solche

Reiter(innen) teilnehmen, die einem Verein angehören, der dem Landesreiterbund und dem zuständigen Landessportbund angeschlossen ist.

a Zugelassene Reiter

Alle Reiter(innen), die dem Geburtsjahrgang ... (18 Jahre) ... oder jünger angehören.

b Zugelassene Pferde

Alle Ponys und Kleinpferde mit einem Stockmaß unter 147 cm.
Abt. A: Shetlandponys bis 112 cm Widerristhöhe.
Abt. B: Ponys bis 130 cm Widerristhöhe.
Abt. C: Kleinpferde über 130 cm Widerristhöhe.
Jedes Pferd ist nur in einer Abteilung startberechtigt und darf täglich an höchstens 4 Prüfungen des Turniers teilnehmen. *Hengste* sind nicht zugelassen, mit Ausnahme von Gespannprüfungen.

1 Springprüfung für Ponys

Ehrenpreise nach Beteiligung.
Zugelassene Reiter: siehe a.
Zugelassene Pferde: siehe b.
Abt. A: 6–8 Hindernisse bis 60 cm hoch.
Abt. B: 6–8 Hindernisse bis 80 cm hoch.
Abt. C: 8–10 Hindernisse bis 100 cm hoch.
Richtverfahren A gemäß LPO § 302/2 b 1 nach Fehlerpunkten und und Zeit (oder Richtverfahren A gemäß LPO § 326 nach Fehlerpunkten und Stil).
Einsatz DM 3.–.
10 Nennungen je Abteilung verlangt.

2 Glücksspringprüfung für Ponys

Ehrenpreise nach Beteiligung.
Zugelassene Reiter: siehe a
Zugelassene Pferde: siehe b
Abt. A: 6–8 Hindernisse bis 60 cm hoch.
Abt. B: 6–8 Hindernisse bis 80 cm hoch.
Abt. C: 8–10 Hindernisse bis 100 cm hoch.
Richtverfahren gemäß LPO § 328.
Der Parcours ist beim ersten Fehler – gleich welcher Art – beendet. Der Reiter muß jedoch noch das nächste Hindernis springen (Zeit-

messung). Die Zeit wird gestoppt, wenn die Vorderhufe des Pferdes wieder den Boden berühren. Der Reiter hat alsdann die Bahn zu verlassen.

Höchstzahl der zu überwindenden Hindernisse ist die Anzahl der im Parcours vorgeschriebenen Hindernisse.

Sieger ist der Reiter mit der höchsten Punktzahl, wobei jedes überwundene Hindernis 2 Punkte, jedes abgeworfene Hindernis 1 Punkt zählen. Bei Punktgleichheit entscheidet die bessere Zeit.
Einsatz DM 3.–.
10 Nennungen je Abteilung verlangt.

3 Reiterprüfung

Ehrenpreise nach Beteiligung.

Abt. A: Shetlandponys bis 112 cm Widerristhöhe.
Abt. B: Ponys bis 130 cm Widerristhöhe.
Abt. C: Kleinpferde über 130 cm Widerristhöhe.
(Einteilung in Gruppen nach Alter durch die Richter!)
Richtverfahren gemäß LPO § 700–703.
Einzelreiten oder Reiten in der Abteilung nach Weisung der Richter.
Bewertet werden: Sitz und Einwirkung. Pferdewechsel vorbehalten.
Einsatz DM 3.–.
6 Nennungen je Abteilung verlangt.

4 Gebrauchsprüfung für Gespanne

Ehrenpreise nach Beteiligung.

Zugelassene Fahrer: I. Alle Fahrer(innen) der Geburtsjahrgänge ... (18 Jahre) . . . oder jünger. II. Alle Fahrer(innen) älter als Jahrgang ... (18 Jahre).

Zugelassene Pferde: Alle Ponys und Kleinpferde mit einem Stockmaß bis 147 cm.
Abt. A: Einspänner.
Abt. B: Zweispänner.
Abt. C: Mehrspänner.

Anforderung: Vorstellung der Gespanne in Schritt und Trab.
Bewertung: Zusammenpassen der Pferde. Zweckmäßigkeit der Anspannung. Eignung zum Gebrauch als Kutschgespann.
Einsatz DM 3.–.

5 Materialprüfung für Reitponys

Ehrenpreise nach Beteiligung.

Zugelassene Reiter: Alle Reiter(innen), die dem Geburtsjahrgang ... (18 Jahre) ... oder jünger angehören.
Zugelassene Pferde: 3- bis 5jährige Ponys und Kleinpferde mit einem Stockmaß unter 147 cm.
Abt. A: Shetlandponys bis 112 cm Widerristhöhe.
Abt. B: Ponys bis 130 cm Widerristhöhe.
Abt. C: Kleinpferde über 130 cm Widerristhöhe.

Anforderung und Bewertung:

1. Vorprüfung: Vorführen der Pferde ohne Sattel an der Hand und unter dem Reiter oder nach Weisung der Richter.
2. Hauptprüfung: Vorführen der Pferde unter dem Reiter, nach Weisung der Richter.

Richtverfahren gemäß LPO § 103.

Beurteilung: Beurteilt wird nur das Pferd: Gebäude, Trab, Galopp, Schritt, Temperament und Gesamteindruck ohne Rücksicht auf seine Ausbildung. Maßgebend ist die Eignung für die künftige Verwendung als Reitpferd.

Einsatz DM 3.–.

Nennungen je Abteilung verlangt.

6 Ponyreiterspiele

Gemäß Richtlinien für Reiten und Fahren Band III HDP.

a) Einzelreiter

Musikreiten – Kappenrennen – Slalomrennen – Apfelreiten – Sackrennen – Sattelrennen – Kostümrennen – Ballongreifen.

b) Spiele für Paare

Sattelrennen – Ballonstechen – Seilreiten.

c) Spiele für Mannschaft

Kartoffelrennen – Becherrennen – Apfeltauchen – Springballrennen u. a.

Durchführungs-Anleitungen s. Richtlinien für Reiten und Fahren Band III.

7 Wettkampf der Voltigiergruppen

Maßgebend für Teilnahme und Bewertung sind die Richtlinien für Reiten und Fahren Band III – Voltigieren – und der Bew.-Bogen der Kommission für Pferdeleistungsprüfungen Hannover.
Je Gruppe 8 Teilnehmer.
Abt. A: Teilnehmer der Jahrgänge ... (16 Jahre) ... oder jünger.
Abt. B: Teilnehmer der Jahrgänge ... (12 Jahre) ... oder jünger.
Zugelassene Pferde: Alle Voltigierpferde.
Ehrengabe und Andenken.
Kein Einsatz.

8 Pony-Rennen

Entfernung ... m (bis zu 1000 m).
Ehrenpreise nach Beteiligung.
Zugelassene Reiter: siehe a.
Zugelassene Pferde:
Abt. A: Shetlandponys bis 112 cm Widerristhöhe.
Abt. B: Ponys bis 130 cm Widerristhöhe.
Abt. C: Kleinpferde bis 147 cm Widerristhöhe.
Kein Einsatz.

Allgemeine Bestimmungen

Maßgebend für die Preisbewerbungen sind die LPO 1965, die Ergänzungen und die Bekanntmachungen im Kalender ab 1965, das Aufgabenheft 1965 und die Bestimmungen der Kommission für Pferdeleistungsprüfungen Hannover.

Besondere Bestimmungen

Die Pferdeleistungsschau findet am ..... in ..... statt.

1. Nennungsschluß ist der ...
   Die Nennungen sind zu richten an: ....
2. Die genaue Zeiteinteilung wird im Programm bekanntgegeben.
3. Eine evtl. Teilung der Springprüfungen erfolgt gemäß LPO § 38/IIIa.
4. Der Veranstalter lehnt ausdrücklich jede Verantwortung für Unglücksfälle und Krankheiten ab, die Besitzern, Reitern(innen), Pferdepflegern oder Pferden während der Veranstaltungen zustoßen könnten, desgl. jede Verantwortung für Diebstahl, Beschädigung, Feuer oder sonstige Vorfälle.

5. Das Tragen einer sturzsicheren Jagdkappe wird dringend empfohlen.

Der Vorstand

gez. . . . .

Vorläufige Zeiteinteilung
Vorprüfungen:
Hauptprüfungen:

Zusatz des Verfassers: In den Ponyrennen sollten nur Steigbügel erlaubt sein, die ein Hängenbleiben des Reiters im Bügel verhindern. Als Reitpeitsche sollten in den Rennen nur vom Veranstalter ausgegebene Stöcke erlaubt sein, die so angeschnitten sind, daß sie bei einem stärkeren Schlag abbrechen.

6 Die Pony-Haftpflichtversicherung

Zum Abschluß ein wichtiger Hinweis! Wir sollten nicht versäumen, unsere Ponys sofort gegen alle Haftpflichtschäden zu versichern. Wir schützen uns mit dieser verhältnismäßig geringen Ausgabe vor schweren Sorgen, die uns ohne unser Verschulden jederzeit treffen können!

Die Pony-Haftpflichtversicherung wird meistens nur in Verbindung mit einer Zusatz- oder Privathaftpflichtversicherung bei gleichen Deckungssummen abgeschlossen werden können. Der Grund dafür ist, daß das Pony nur dann den Haftpflichtschutz genießt, wenn es den betreffenden Schaden *allein* anrichtet, also ausbricht und an Sachen und Personen Schäden anrichtet. Wenn dagegen z. B. das Pony geritten wird, entfällt die Haftpflicht für das Pony, denn dann ist der *Reiter schadenersatzpflichtig*, auch wenn das Pony durchgeht. Auf diese Unterscheidung sei besonders hingewiesen.

Jeder Ponyreiter sollte *Mitglied des örtlichen Reitervereins* werden, damit er den wertvollen Versicherungsschutz des zuständigen Landessportbundes genießt. Nähere Auskünfte lasse man sich von dem jeweils zuständigen Reiterverein geben. Verzagen wir nicht, wenn man anfangs über unsere Passion und unsere Ponys ein wenig überlegen lächeln sollte. Unsere Ponys haben zusammen mit dem liebenswerten Wesen ihrer Besitzer stets alle Herzen echter Pferde- und Sportsleute gewonnen; auf die anderen wollen wir gerne verzichten.

Geschichte, Organisation und Stand der deutschen Ponyzucht und -haltung

Ponys sind – wie wir schon gehört haben – keine Errungenschaft der letzten Jahre. Die ältesten von Berglöwen und Hyänen vor über 100 000 Jahren in Höhlen zusammengetragenen Pferdeknochen stimmen in ihren Maßen weitgehend nicht nur mit denen des Przewalskipferdes überein, in dem wir den Stammvater aller lebenden Ponys und Pferde sehen, sondern auch mit denen des in England lebenden Exmoorponys. Das Przewalskipferd erinnert übrigens in seinem Exterieur weitgehend an das Fjordpony, das zu seinen reinsten Nachkommen gehören dürfte.

Ponys haben einen hohen Anteil an der Entwicklung unserer heutigen Pferderassen. Das eindrucksvollste Beispiel dürfte die englische Vollblutzucht bieten. Ihre Stammütter waren in der Mehrzahl einheimische englische Ponystuten – überwiegend keltische Ponys –, insbesondere Galloways. Deutschland gehörte früher im Gegensatz zu vielen anderen Ländern, z. B. England, zu den an eigener Ponyzucht ärmsten Staaten Europas, obwohl die Verwendung der größeren Ponys auch damals für viele landwirtschaftliche Betriebe in unseren Heide- und Moorgebieten eine wirtschaftliche Notwendigkeit war. Diese Ponys wurden in großer Zahl aus den osteuropäischen Ländern zu Preisen nach Deutschland eingeführt, zu denen wir sie nicht hervorbringen konnten. Es bestand daher vor dem 2. Weltkrieg in Deutschland kein Bedürfnis für eine eigene Zucht. Damals gab es neben mehreren Shetlandzuchten nur einige Lokalschläge vereinzelter Privatzüchter, wie z. B. Dülmener Wildpferde des Herzogs von Croy im Merfelder Bruch und die des Prinzen von Arenberg in Nordkirchen.

Der Mangel an Großpferden im letzten Krieg und die damit verbundene stärkere Verbreitung der Ponys, die in größerer Zahl aus den besetzten Gebieten nach Deutschland kamen, sowie die Passion der Besitzer der schon bestehenden Shetlandzuchten führten zur Gründung der ersten Organisation der deutschen Ponyzüchter.

18. März 1942: Zehn praktische Züchter kommen in Berlin zusammen, sie beschließen zur Wahrung der Belange der Kleinpferdezucht einen eigenen Verband ins Leben zu rufen.

11. Februar 1943: Der „Verband der Kleinpferdezüchter Deutschlands e. V. – Das Deutsche Kleinpferdestammbuch" wurde in Berlin gegründet.

Sein Ziel war die Förderung der Kleinpferdezucht in Großdeutschland, ausgenommen die Haflingerzucht, die sich nicht zu den Kleinpferden rechnete. Schon damals wurde das Norwegische Fjordpferd zum Standardtyp für das erstrebte Zuchtziel in der deutschen Kleinpferdezucht bestimmt.

Im Gegensatz zu der heute bestehenden „Arbeitsgemeinschaft Deutscher Ponyzuchtverbände" war das damals gegründete „Deutsche Kleinpferdestammbuch" ein regelrechter Zuchtverband, seine Mitglieder waren die Einzelzüchter als Besitzer der eingetragenen Kleinpferde und die örtlichen Kleinpferdezuchtvereine. Zu seinen wichtigsten Aufgaben gehörte die Stutbuchführung, die Stutbuchanerkennung angekörter Hengste, die Durchführung von Leistungsprüfungen, Schauen und Absatzveranstaltungen.

Nach der Beendigung des 2. Weltkrieges hörte die Einfuhr von Kleinpferden aus dem Osten und Südosten auf. Es gab damals in Deutschland ein Sammelsurium aller möglichen Ponyrassen, die die demobilisierenden Truppenteile aus allen Gegenden Europas mitgebracht hatten.

In Deutschland hatte man unter der nationalsozialistischen Herrschaft die englische Bezeichnung „Pony" durch die deutschen Worte „Zwergpferde" und „Kleinpferde" ersetzt. Leider wurde die Bezeichnung „Kleinpferde" nach dem Kriege beibehalten, obwohl schon damals berechtigte Bedenken dagegen vorgebracht wurden. Als „Kleinpferde" bezeichnete man die Ponys zwischen 120 und 147,3 cm Stockmaß, alle kleineren galten als Ponys. Im internationalen Verkehr ist das Wort „Kleinpferd" nicht zu verwenden. *Die Arbeitsgemeinschaft und ein Teil der ihr angeschlossenen Verbände haben daher im Jahre 1960 damit begonnen, das Wort „Kleinpferd" durch die alte Bezeichnung „Pony" wieder zu ersetzen.*

Passionierte Shetland- und Kleinpferdezüchter erkannten nach dem 2. Weltkrieg die dringende Notwendigkeit, der Pony- und Kleinpferdezucht eine Organisation zu geben.

15. April 1947: Die drei in der britischen Zone gegründeten Landesverbände Schleswig-Holstein/Hamburg (gegr. November 1946), Nordrheinprovinz (gegr. Januar 1947) und Provinz Hannover (gegr. Februar 1947) kommen in Hamburg-Stellingen zur Gründung des Zentralverbandes der Pony- und Kleinpferdezüchter (britische Zone) zusammen. 1948 bestanden in Deutschland:

Zentralverband der Pony- und Kleinpferdezüchter (britische Zone)
Süddeutscher Pony- und Kleinpferdezüchter-Verband e. V.
Deutsches Kleinpferdestammbuch (Riesa/Elbe Sa.).

2. März 1949: Gründung der „Arbeitsgemeinschaft der Pony- und Kleinpferdezüchter" von den in Göttingen anwesenden Vertretern der Gebiete Holstein, Oldenburg, Niedersachsen, Weser-Ems, Westfalen, Nordrhein, Hessen, Baden-Württemberg und Bayern. Der damals gefaßte Beschluß, daß alle Arbeiten in der Arbeitsgemeinschaft nur rein ehrenamtlich und aus echtem Idealismus, aber niemals auf Grund persönlicher oder finanzieller Vorteile geleistet werden dürften, hat Geist und Arbeit dieser Arbeitsgemeinschaft stets richtunggebend bestimmt.

Zum Vorsitzenden dieser Arbeitsgemeinschaft wurde der Vorsitzende des Zentralverbandes der britischen Zone, H. Langenfels-Willich, ein bekannter und erfolgreicher Shetlandzüchter, Turnierreiter und Turnierfahrer, gewählt. Geschäftsführer wurde Prof. Dr. H. Löwe, Hannover, ein hervorragender Hippologe, Züchter und Organisator.

1951 erklärten die beiden Verbände in Niedersachsen-Hannover und Emsland das Norwegische Fjordpferd zu ihrem Zuchtziel. *Als Höchstmaß für die deutsche Ponyzucht wurde das englische Höchstmaß von 14,2 hands (147,32 cm) übernommen.*

18. November 1954: Landstallmeister OLR Dr. Uppenborn wird als Nachfolger von Prof. Dr. Löwe Geschäftsführer der Arbeitsgemeinschaft. Dr. Uppenborn führte von 1950 bis 1962 den Verband der Ponyzüchter Hessen, er ist Herausgeber und Schriftleiter der Zeitschrift „Kleinpferdezucht" seit ihrer Gründung im Jahre 1953.

8. September 1956: Die Arbeitsgemeinschaft erhält Satzungen, die ihren gemeinnützigen Charakter eindeutig festlegen. Sie bestimmen:

Die Arbeitsgemeinschaft hat als wichtigste Aufgaben die Förderung eines lebendigen Meinungsaustausches zwischen den Landesverbänden und die gemeinsame Regelung züchterischer und organisatorischer Fragen, soweit diese allgemeiner Natur sind. Die Arbeitsgemeinschaft soll sich aus eigener Initiative grundsätzlich nicht mit Landesangelegenheiten befassen. Sie vertritt die Interessen der ihr angeschlossenen Verbände in der DLG, in dem Hauptverband für Zucht und Prüfung deutscher Pferde (HDP) im Bund und auf internationaler Ebene. Sie fördert die wissenschaftliche Forschung und verbreitet die notwendigen Kenntnisse über Zucht, Haltung und wirtschaftlichen Einsatz der Ponys. Sie beobachtet und fördert die Jugendreiterei, das Ponyreiten des 2. Weges, sie beobachtet den Markt, um Ratschläge für den Umfang der Zucht zu geben und vor unerwünschten und übermäßigen Einfuhren zu warnen.

18. Dezember 1957: Die „Arbeitsgemeinschaft der Pony- und Kleinpferdezüchter" wird in „Arbeitsgemeinschaft der Pony- und Kleinpferdezuchtverbände" – heute *„Arbeitsgemeinschaft der Ponyzuchtverbände"* – umbenannt, da nicht die einzelnen Züchter, sondern die Landesverbände ihre Mitglieder sind.

3. April 1958: Die Arbeitsgemeinschaft wird korporatives Mitglied des Hauptverbandes für Zucht und Prüfung deutscher Pferde e. V. (HDP) mit der Maßgabe, daß die Arbeitsgemeinschaft allein für die Regelung aller organisatorischen Fragen, die die Pony- und Kleinpferdezucht in der Bundesrepublik betreffen, zuständig sei.

18. November 1967: S. D. HEINRICH I. PRINZ REUSS-BÜDINGEN übernimmt die Stelle des 1. Vorsitzenden, Landw.-Ass. GRAMANN, Kiel, die des Geschäftsführers der Arbeitsgemeinschaft.

Die deutsche Ponyzucht war – wie berichtet – nach dem 2. Weltkrieg, abgesehen von einigen Shetlandzuchten, ein Sammelbecken aller möglichen Ponyrassen und Kreuzungen. Es ist ein Beweis hervorragender, zielstrebiger züchterischer Arbeit, daß die deutschen Ponyzüchter in wenigen Jahren eine einheitliche qualitätvolle deutsche Ponyzucht aufbauten. Das Zuchtziel in Nord- und Westdeutschland einschließlich Hessen bildete das Fjord- und das Shetlandpony, im süddeutschen Raum der Haflinger und das Shetlandpony. Außerdem wurden seit 1956 zahlreiche Islandponys in alle Gebiete eingeführt, sie wurden in erster Linie als Reitponys und nur in geringer Zahl zur Zucht verwendet. Englische Ponys werden in größerer Zahl seit 1963 als Kinderreitpferde aus England, Holland und Dänemark in die Bundesrepublik gebracht.

Die Entwicklung der deutschen Ponyzucht in den letzten zwölf Jahren, also in einer Zeit, in der die Großpferdezucht an Zahl erheblich zurückging, zeigen die nachstehenden Bestandszahlen der neun der Arbeitsgemeinschaft angeschlossenen Landesverbände der Ponyzüchter der Bundesrepublik:

1954: 820 Mitgl., 1399 Zuchtt.; 1966: 4340 Mitgl., 7725 Zuchtt.; 1969: 6019 Mitgl., 11 486 Zuchtt.; 1972: 8378 Mitgl., 15 618 Zuchtt.

Der Bestand an Zuchttieren setzte sich wie folgt zusammen:

1954: 40 % Shetlandponys, 20 % Fjordponys, 40 % Angehörige anderer Rassen, überwiegend Kreuzungstiere ohne Abstammung.

1966: 47 % Shetlandponys, 30 % Fjordponys, 11 % Wildbahn/Englische Ponys, 5 % Haflinger (soweit in die Ponystammbücher eingetragen), 3,5 % Isländer, 3,5 % sonstige Rassen und Kreuzungen.

1969: 45,7 % Shetlandponys, 19,8 % Reitponys, 19,4 % Fjordponys, 5,8 % Haflinger, 4,8 % Welshponys, 4,5 % Isländer.

1972: 50 % Reitponys (einschl. Welsh-, Connemara- und New-Forest-Ponys), 30 % Shetlands, 20 % Fjordponys, Haflinger, Isländer.

Die Organisationen der deutschen Ponyzucht haben sich stets bemüht, alle in Verbindung mit der Ponyzucht und -haltung auftauchenden Probleme objektiv und nüchtern ohne Voreingenommenheit zu prüfen und nur das zu empfehlen, von dessen Richtigkeit sie im Interesse unserer Ponys, ihrer Züchter, Halter, Reiter und Fahrer restlos überzeugt waren. Sie sind übermäßig starken Einfuhren, für die meistens nicht ein echter Bedarf, sondern eine vom Handel geschickt geförderte Mode die Triebfeder war, energisch entgegengetreten, ganz gleich um welche Rasse es sich handelte. Unsere Ponys sollten keine Handelsware werden, sie sollten das von uns heißgeliebte Lebewesen sein, für dessen Wohlergehen jeder von uns, der sich mit den Ponys beschäftigt, eine hohe sittliche Verpflichtung übernommen hat. *Eine Produktion oder eine Einfuhr, die den Bedarf – ganz gleich ob aus Kurzsichtigkeit oder Geldgier – überschreitet, bedeutet letzten Endes die Auslieferung zahlreicher Ponys an den Schlachter. Der Bedarf an Kinderreitponys sollte deshalb niemals leichtfertig überschätzt werden.* Unsere Jugend entwächst heute schneller denn je der Ponygröße, die Schule läßt ihnen nur wenig Zeit zu regelmäßigem Reiten und zur täglichen Beschäftigung mit ihren Ponys. *Jede Rasse hat ihre großen Vorzüge und in jeder Rasse wird es hervorragende Exemplare geben.* Man wähle als Gebrauchs-, Reit- und Fahrpony das Pony, das einem nach eingehender Prüfung am besten gefällt und lasse sich nicht durch Rassefanatiker beeinflussen. Die Eigenschaften des Ponys und nicht seine Rasse sollten unsere Wahl entscheiden. Anders in der Zucht. Hier erstreben wir eine freiwillige Begrenzung auf Hengste und Stuten bester Qualität. Beste Hengste sind teuer, man wird sie nur in Gebieten aufstellen können, in denen sie durch eine größere Zahl guter Stuten derselben Rasse züchterisch ausgenutzt werden. *Die Rassezugehörigkeit muß deshalb bei der Wahl von Zuchtstuten oder Reitponys, die später zur Zucht benutzt werden sollen, im Gegensatz zu den reinen Gebrauchsponys ein entscheidender Faktor sein.*

Ab 1. 1. 1970 gilt folgender Eintragungsmodus für alle deutschen Ponyzuchtverbände:

Vorbuch	—	Ponys ohne oder mit einer Generation Abstammung
Stammbuch	—	hierfür sind mindestens zwei Generationen erforderlich
Hauptstammbuch	—	hierfür sind mindestens drei Generationen erforderlich.

Für die Körung von Hengsten werden ab 1. 1. 1970 zwei Generationen und ab 1. 1. 1971 drei Generationen Abstammung verlangt. Hierdurch wird die Möglichkeit geschaffen, beim Fohlenjahrgang 1969 schon entsprechend zu selektieren.

Die Arbeitsgemeinschaft und die ihr angeschlossenen Verbände haben sich die Aufgabe gestellt, die Zucht bodenständiger Ponys in bester Qualität zu fördern, die Kenntnis von der richtigen Pflege und Fütterung dieser Ponys sowie das Reiten und Fahren mit ihnen zu verbreiten. Sie wollen durch Förderung der Jugendreiterei die Jugend über die Ponys an das Pferd heranführen. Sie wollen alle die Maßnahmen in der Zucht und Haltung fördern, die die Härte und Primitivität des Ponys als eines echten Naturpferdes erhalten.

Mögen auch in Zukunft stets die Liebe zu unseren Ponys, Idealismus und Opferbereitschaft den Weg der deutschen Ponyzucht und Haltung bestimmen und möge diese verschont bleiben vor persönlichem Ehrgeiz und Materialismus.

Die Brandzeichen der deutschen Ponyzuchtverbände

Die wichtigsten Brandzeichen in der deutschen Ponyzucht sind das Eichblatt mit Eichel, das Kleeblatt und das Edelweiß.

Eichblatt mit Eichel, vorwiegend gebrannt in Schleswig-Holstein, Hannover, Weser-Ems, Westfalen, Rheinland, Rheinland-Nassau.

Kleeblatt in Hessen, Baden-Württemberg (ohne Haflinger).

Edelweiß in Bayern, Baden-Württemberg (Haflinger).

Beispiele:

Hannover

Hauptstammbuch und Stammbuch

Vorbuch

Hessen

Stammbuch und Hengste

Vorbuch

Bayern

Hauptstammbuch und Hengste
Stammbuch und Vorbuch

Umrechnungstabelle für die englischen Größenangaben

1 hand = 4 inches = 10,16 cm	1 inch = 2,54 cm
10 hands = 101,60 cm	12,2 hands = 127,00 cm
10,1 hands = 104,14 cm	12,3 hands = 129,54 cm
10,2 hands = 106,68 cm	13 hands = 132,08 cm
10,3 hands = 109,22 cm	13,1 hands = 134,62 cm
11 hands = 111,76 cm	13,2 hands = 137,16 cm
11,1 hands = 114,30 cm	13,3 hands = 139,70 cm
11,2 hands = 116,84 cm	14 hands = 142,24 cm
11,3 hands = 119,38 cm	14,1 hands = 144,78 cm
12 hands = 121,92 cm	14,2 hands = 147,32 cm
12,1 hands = 124,46 cm	

Verzeichnis der westdeutschen und der führenden ausländischen Ponyzuchtverbände

Die Ponyzuchtverbände werden jeden Ponyfreund in allen Fragen der Anschaffung, Zucht, Haltung und Nutzung objektiv beraten, wenn er sich vertrauensvoll an sie wendet:

Bundesrepublik Deutschland

Dachorganisation: Arbeitsgemeinschaft der Ponyzuchtverbände, 23 Kiel, Steenbeker Weg 151. Mitteilungsblatt „Kleinpferdezucht", Redaktion: Bad Harzburg-Bündheim, Vollblutgestüt.

Landesverbände, zusammengeschlossen in der Arbeitsgemeinschaft:

Landesverband der Pony- und Kleinpferdezüchter Schleswig-Holstein/Hamburg e. V., 23 Kiel, Steenbeker Weg 151

Verband der Pony- und Kleinpferdezüchter Hannover e. V., 3 Hannover, Johannssenstr. 10, mit folgenden Bezirksvereinen:

Bezirksverein der Pony- und Kleinpferdezüchter Südhannover, 341 Nordheim, Sollingtor 2

Bezirksverein Lüneburg des Verbandes der Pony- und Kleinpferdezüchter Hannover, 311 Uelzen, Bauernstr. 1

Bezirksverband Stade im Verband der Pony- und Kleinpferdezüchter Hannover, 216 Stade, Hospitalstr. 1

Bezirksverband Hannover im Verband der Pony- und Kleinpferdezüchter Hannover, 3 Hannover, Johannssenstr. 10

Verband der Kleinpferde- und Ponyzüchter Weser-Ems, 29 Oldenburg (Oldbg.), Mars-la-Tour-Straße 11

Westfälisches Pferdestammbuch e. V. – Abt. Kleinpferde und Ponys, 44 Münster (Westf.), Engelstr. 52

Rheinisches Pferdestammbuch e. V. – Abt. C, Ponys und Kleinpferde, 53 Bonn, Endenicher Allee 60

Pferdezuchtverband Rheinland-Nassau, 54 Koblenz, Bahnhofplatz 9

Verband der Ponyzüchter Hessen e. V., 636 Friedberg, Homburger Straße 17

Verband der Württembergischen Pferdezüchter e. V. – Abt. Ponys und Kleinpferde, 7 Stuttgart S, Sophienstr. 21 B

Badisches Pferdestammbuch e. V. – Abt. Ponys und Kleinpferde, 69 Heidelberg, Mönchhofstr. 52 (Arbeitsbereich Nordbaden)

Badisches Pferdestammbuch e. V. – Abt. Ponys und Kleinpferde, 7828 Neustadt (Hochschwarzwald), Walter-Göbel-Weg 4 (Arbeitsbereich Südbaden)

Verband der Kleinpferdezüchter Bayerns, 8 München 15, Kaiser-Ludwigs-Platz 5

Island-Pferde-Züchter- und Besitzervereinigung e. V., vormals „Deutscher Pony Klub e. V.", 5 Köln 1, Humboldtstr. 5–9. Mitteilungsblatt „Pony Post – Freizeit im Sattel". Wichtigstes Arbeitsgebiet: Förderung der Haltung und Nutzung des Islandponys. Herausgeber der Islandpferde-Prüfungsordnung IPO.

Bekannte ausländische Ponyverbände

England

Dachorganisation: The National Pony Society, 85 Cliddesden Road, Basingstoke, Hampshire

English Connemara Pony Society, The Quints, Bentley, Farnham, Surrey

Dales Pony Society, Hutton Gate, Guisborough, Yorkshire

Dartmoor Pony Society, Lower Hisley, Lustleigh, Newton Abbot, Devon

Exmoor Pony Society, Capland Orchard, Hatch Beauchamp, Taunton, Somerset

Fell Pony Society, Packway, Windermere, Westmorland

Highland Pony Society, 51 High Street, Dunblane, Pertshire

New Forest Pony Breeding and Cattle Society, Beacon Corner, Burley, Ringwood, Hampshire

Shetland Pony Stud Book Society, 61 George Street, Perth, Scotland

Welsh Pony and Cob Society, 32 North Parade, Aberystwyth, Cardiganshire

British Palomino Society, Kingsettle Stud, Chelderton, Salisbury, Wilts

British Show Pony Society, Coombers Farm, Faygate, Horsham, Sussex

British Horse Society, 16 Bedford Square, London W. C. 1

Irland

Connemara Pony Breeders Society, Connemara

Holland

Nederlands Dartmoor Pony Stamboek, Mennsestraat 2, post Elst (Gelderland)

Net Nederlandse Fjorden – paarden Stamboek, Maarsbergseweg 53, Woudenberg (U)

Haflinger Club, Koninginnegracht 43, Den Haag

Ver. Ned. New Forest Pony Stamboek, van Wassenaarheuvel 74, Oosterbeek

Het Nederlands Shetland Pony Stamboek, Worth-Rheden (post Velp)

Ver. Het Nederlands Welsh Pony Stamboek, Kavelingen 28 A, Valthermond

Nederlands Stamboek voor Islandse Ponys, Prins Frederikklaan 18, Amersfoort

Dänemark

Samwirkende Danske Husmandsforeningers Udvalg for Stambogsføring for Heste of Norsk Fjordrace, Aarhus/Dänemark, Johs. Bjergsgade 5

Dansk Welsh Mountain Pony Selskab, Copenhagen oder Selleberg pr. Marslev

Norwegen

Norges Fjordhestlag (The Association of Breeders of Norwegian Ponys), Os pr. Bergen

USA

The American Shetland Pony Club, Box 1250 Lafayette, Indiana

Zeitschriften

Die beiden deutschen Pony-Nachrichtenblätter

Kleinpferdezucht, offizielles Fachorgan der Arbeitsgemeinschaft der Ponyzuchtverbände. Erscheint viermal jährlich. Jahresabonnement DM 2,40. Bintz-Verlag GmbH und Dohany-Druck oHG. 605 Offenbach/Main, Große Marktstraße.

Pony Post — Freizeit im Sattel, größte internationale Zeitschrift für Zucht und Haltung von Robustpferden. Erscheint zwölfmal jährlich. Jahresabonnement DM 24,– zuzüglich DM 3,– Porto. 53 Bonn, Venusbergweg 10.

Die beiden bekanntesten deutschen Pferdezuchtzeitschriften

Reiter-Revue International

Sankt Georg

Einige bekannte Ponyzeitschriften des Auslandes

England: *Pony*, eine monatlich erscheinende Zeitschrift für den jungen Reiter

Holland: *De Forester*, erscheint jeden zweiten Monat
Onze ponys, Monatszeitschrift

USA: *American Shetland Pony Journal*
Your Pony, Monatszeitschrift

Literatur

BAUER, TH.: Handbuch des Hufbeschlages. Verlag E. S. Mittler & Sohn GmbH., Darmstadt 1954.

BRAUCHLE, A. und L.: Große Liebe zu kleinen Pferden. Karl F. Haug Verlag, Saulgau/Wttbg. 1949.

BREIDBACH, S.: Zucht, Haltung, Leistung und Arbeitsverwendung des Kleinpferdes in der Bundesrepublik. Arbeiten aus der deutschen Tierzucht, Heft 39. Landwirtschaftsverlag GmbH., Hiltrup/Westf. 1957.

BRECHT, J.: ABC des Reitsports. Erich Hoffmann Verlag, Heidenheim 1954.

BRUNS, URSULA: Heißgeliebte Island-Pferde, Albert Müller Verlag, Rüschlikon-Zürich 1962.

BUNSOW, R.: Vollblut-Zucht und Biologie. Sonderabdruck der „Sport-Welt" 1910.

CAMPBELL, JUDITH: Der Ponyfreund. Von der Aufzucht bis zum Turnier. Erich Hoffmann Verlag, Heidenheim 1963.

COX, M. C.: The Shetland Pony. Verlag A. & C. Black, London 1965.

EHRLICH, C.: Die Aufzuchtkrankheiten der Jungtiere. Landwirtschaftsverlag G.m.b.H., Hiltrup bei Münster i. W. 1948.

FLADE, J. E.: Shetlandponys. Neue Brehm Bücherei, A. Ziemsen Verlag, Wittenberg 1960.

HABERMEHL, K.-H.: Die Altersbestimmung bei Haustieren, Pelztieren und beim jagdbaren Wild. Verlag Paul Parey, Berlin und Hamburg 1961.

HESSE, H. J.: Vergleichende Untersuchungen über Arbeitsleistung und Futteraufwand bei Kleinpferden im Verhältnis zur Großpferde- und Kuhanspannung. Dissertation Göttingen 1956.

JUNG, HERTHA, L.: Mit den Pferden wandern – Wanderritte richtig vorbereitet. Hadlaub Verlag, Winterthur 1967.

KAPITZKE, G., und ZIKA, F.: Ponyreiten ernstgenommen. Verlag Paul Parey, Berlin und Hamburg 1964.

KAYS, J. M. (Hrsg.): Handbook for Shetland Breeders. The American Shetland Pony Club (o. J.).

MEYER, O.: Fohlenaufzucht – Fohlenkrankheiten. Verlag M. & M. Schaper, Hannover 1948.

MÜSELER, W.: Reitlehre. Verlag Paul Parey, Berlin und Hamburg 1966, 37. Aufl.

Reiseführer – Wandern zu Pferde – Ferien im Sattel. Sankt Georg Verlag GmbH., Düsseldorf 1963.

Richtlinien für Reiten und Fahren des Hauptverbandes für Zucht und Prüfung deutscher Pferde e. V. Warendorf i. W. 1964.
Band 1: Grundausbildung.
Band 3: Richtlinien für das Voltigieren und die Durchführung von Ponyreiterspielen.

SCHWEISGUT, O.: Haflinger – Ein Pferd erobert die Herzen der Völker. Universitätsverlag Wagner, Innsbruck 1965.

UPPENBORN, W.: Pferdezucht und Pferdehaltung. Verlag Bintz-Dohany, Offenbach 1970, 4. Aufl.

WITT, M.: Beeinflussung der Körperentwicklung von Fjordpferden bis zum 3. Lebensjahr durch unterschiedliche Winterfütterung. Z. Tierzücht. Züchtungsbiol. *81* (2), 1965.

ZEEB, K., und GUTTMANN, URSULA: Wildpferde in Dülmen. Verlag Hallwag, Bern und Stuttgart 1964.

Sachregister

kursiv gedruckte Ziffern = hauptsächliche Ausführungen
* = Abbildung

Bildquellen

Abbildungen auf Tafeln

Abb. 30 E. Baldauf, Bonn. Abb. 34 Dartmoor Pony Society (England). Abb. 33 English Connemara Pony Society (England) — Pony/Light Horse, London. Abb. 1, 47 R. Göhler, Hannover. Abb. 2 Dr. H. Hellberg, Bad Godesberg. Abb. 31, 43 Landw. Bildberatung e. V., München. Abb. 45, 46, 49, 51 W. Menzendorf, Berlin. Abb. 32 New Forest Pony Breeding and Cattle Society (England). Abb. 3 R. Salg, Froschhausen. Abb. 50 M.-L. Schwartz, Frankfurt/M.-Niederrad. Abb. 48 H. Sting, Celle-Altenhagen. Abb. 44 A. Terdenge, Münster/Westf. Abb. 8, 9, 10, 11, 12, 13, 14, 15, 17, 18, 19, 20, 21, 22, 23, 24, 25, 26, 27, 28, 29 Dr. W. Uppenborn, Bad Harzburg-Bündheim. Abb. 35, 36 Welsh Pony and Cob Society (England).

Abbildungen im Text

Die Quellen der Textabbildungen sind aus den Legenden in Verbindung mit dem Literaturverzeichnis ersichtlich.